JN097294

新時代の高生産性経営

PRODUCTIVITY
FOR A NEW ERA

公益財団法人 関西生産性本部 編

清文社

は じ め に

　2019年末に中国・武漢で局地的に発生したと言われているウイルス性新型肺炎は、瞬く間に世界各地に広がった。新型コロナウイルス感染拡大は、１年半以上経過した今も終息するどころか、感染力の強い変異型コロナウイルスが発生するなど、世界中が感染拡大の波に揺れている。コロナ禍によるパンデミックは、世界の人と物の流れを分断し、社会経済活動に大きな打撃を与え、感染防止と経済再生の両立に世界中が苦慮し続けている。我が国においても、緊急事態宣言が再発令されるなど、つらい対応を強いられている。コロナ禍の終息が見通せない中ではあるが、安心、安全な経済活動、働き方、生活様式を取り戻せる日が一日も早く来ることを祈るばかりである。

　1955年に日本生産性本部が設立され生産性運動の本格的な活動がスタートした翌年、1956年４月17日に生産性関西地方本部として産声を上げた私ども関西生産性本部は、このような環境の中、本年４月に創立65周年を迎えた。その節目の年に、当面の活動ビジョンとして、新しく、「関西における生産性運動を牽引し、新たな価値を共創する」を掲げた。この新しい活動ビジョンに込めた思いは３つあり、①デジタルとアナログの融合により個が活かされる豊かな社会の実現を目指す、②労・使・学が有機的に結びつくプラットフォームを提供し共に新たな価値を創造する、③今こそ関西が飛躍を遂げるチャンスと捉え関西の復権に貢献する、である。この活動ビジョンの根底にあるのは、1959年にヨーロッパ生産性本部ローマ会議で謳われた、"明日は今日より昨日より"の「生産性の精神」、そして"雇用の維持・拡大、労使の協力と協議、成果の公正配分"の「生産性の三原則」であり、これらは生産性運動のまさしく原点として我々が未来永劫堅持すべき普遍の原理であることをあらためて強調したいと思う。

　我が国が、コロナ禍を克服し、力強い持続的成長を取り戻し、国際競争に打ち勝っていくためには、絶えざるイノベーションとニューノーマル時代にふさわしい働き方改革などによって、生産性をさらに向上し、高い付加価値を生み

出していかねばならないことは自明の理である。

当本部では、創立65周年の記念活動の一つとして、昨年、「生産性向上事例研究会」を設置し、「高生産性実現の経営・組織・業務を考える」を研究テーマとして活動してきた。この研究会では、生産性向上の基本的な考え方を再確認し、経営革新、組織革新、業務革新の観点から先進的な取り組みをされている企業事例や先駆的な研究成果を体系的に勉強し深めてきた。

コロナ後は、ニューノーマルを前提に、多くの企業でビジネスモデルの再定義を迫られるのではないだろうか。今こそ、企業のダイナミズムを再起動させる時であろう。この研究会の研究成果としてまとめた本書が、コロナ禍を克服するすべての組織にとって、弛まぬ生産性向上のヒントを与え、高い付加価値を上げ持続的な成長を成し遂げていく一助となることを大いに期待している。

最後に、たいへんなご多忙の中、今回の「生産性向上事例研究会」で示唆に富む事例をご紹介いただいた株式会社横井製作所、株式会社友安製作所、田辺三菱製薬プロビジョン株式会社、日本ベーリンガーインゲルハイム株式会社の各社、そして研究会での講演ならびにコーディネーターをおつとめいただきさらに出版に当たり執筆の労を取っていただいた公益財団法人日本生産性本部生産性総合研究センター・木内康裕上席研究員、関西大学・水野一郎教授、同志社大学・松山一紀教授、早稲田大学・井上達彦教授、公益財団法人日本生産性本部・越谷重友参与、ITコンサルタント・中川博勝氏、関西学院大学・梶浦昭友教授、経営コンサルタント・加賀龍太氏の各氏に心からのお礼を申し上げたい。

なお、本書の刊行は清文社にお引き受けいただいたが、出版の機会を与えていただき感謝申し上げたい。

2021年9月吉日

公益財団法人　関西生産性本部
専務理事・事務局長　小宅　誠司

目　　次

第2章　生産性向上実現のための経営革新

第3章　生産性向上実現のための組織・人事・業務革新

第4章　企業事例から学ぶ生産性向上

序章

新時代の高生産性経営の実現に向けて

生産性のむずかしさ
―義性と多様性

梶浦　昭友

関西学院大学　名誉教授

1 ｜ はじめに

　関西生産性本部は、2021年4月に創設65周年を迎えた。本書は、そのことを記念して、2020年7月から9月まで5回にわたって生産性向上に関する勉強会として開催した「生産性向上事例研究会」での講演、発表事例をもとに、企業の現場で生産性向上を支援している学者やコンサルタントの実践的な理論や方法論を加えて取りまとめた成果である。

　本書では、高生産性実現のための経営・組織・業務運営に向けて、経営的視点（経営革新）、組織的視点（組織革新）、業務的視点（業務革新）から生産性を向上させている企業・組織の実務家およびコンサルタントや有識者を迎えて、生産性指標に関する基本となる考え方や生産性向上の実践事例を取り扱っている。

2 ｜ わが国の生産性の状況と経営上の認識

　日本生産性本部の調査では、わが国の就労者1人当たりの労働生産性（GDP／就労人数）は、2019年にはOECD加盟国37カ国中、26位と過去最低の順位にまで落ち込んだ[1]。さらには、2015年〜2019年平均の実質労働生産性の上昇率は、マイナス0.3%であり、35位に位置する。ちなみに上昇率がマイ

ナスなのは5ヵ国に留まる。これらは結果の数値であり、あくまでも国レベルでの位置付けではあるが、この結果からは、わが国は相対的には低生産性国の方向に向かっていることになる。ところが、このことが巷間で話題になることは多くない。

　国レベルあるいは産業レベルでの生産性が、企業レベルでの経営課題として引き合いに出されることは当然ながら少ないし、これまで、企業レベルでの生産性を集計したり、論じたりすること自体も多くはなかった[2]。企業経営において、生産性という用語や生産性を上げる、高めるという言い回しはよく使用されているものの、そこで使われている生産性の意味内容は多様であり、使用者間で共通認識があるわけではない。そのこと自体が、生産性に対する国あるいは産業レベルでの認識と、経営あるいは現場レベルでの認識に乖離がある可能性を示唆している。わが国においては、生産性の向上、あるいは高生産性経営に向けての方向性は必ずしも明らかではない。

3 ｜ 生産性の一義性と多様性

　企業経営において、全社的な生産性が論じられることは多くないにしても、生産性という用語は普及しており、組織のいくつかの場面で、生産性が課題として話題になることはある。その意味では生産性は広く知られた用語である。

1　一義な生産性の概念

　生産性は一面では明確、一面では曖昧な用語である。明確なのは概念である。1章1でも述べられているとおり、生産性は次の式で定義される。

$$生産性 = \frac{産出（output）}{投入（input）}$$

つまり、投入（量）と産出（量）の比である。この値が高ければ生産性が高

い、高まれば生産性が向上したということになる。このように、定義の視点からは生産性は一義である。また、数式であるから、生産性は基本的に数値指標として表現されることになる。

② 曖昧な生産性の解釈

上の式の分母と分子に数値を入れれば、「ある意味での」生産性が計算される。ところが、何を投入とし、何を産出とするかは一様ではない。繰り返すが、経営の現場で生産性を話題とする場合、多くが生産性が何であるかをおぼろげにはイメージしている。何とはなしに上の式のようなものであろうということは理解されていて、投入と産出の比を高めて生産性を向上することが経営上の課題であることは認識されている。そこからは多様な生産性の指標や解釈が生成することになる。

次章で、生産性の定義式における output の例として、生産量・GDP・売上などが挙げられ、input の例として、就業者数・総労働時間・設備などが挙げられている。これだけでも組み合わせは複合的である。そこで生産性の調査機関や研究者等の専門家の間で一種のパラダイムとして用いられることの多いのが付加価値生産性、とくに労働生産性の指標である。労働生産性の指標は、企業レベルでは基本的に次の指標になる。

$$労働生産性（企業）＝\frac{付加価値}{就業者数\quad または \quad 就業時間}$$

ところが、前に述べたおぼろげにイメージされている生産性は、企業レベルの場合でも、企業のトップが全社的な生産性を扱う場合を除いて、このような指標ではない。とくに付加価値は、用語として付加価値を付ける、高付加価値製品というような言い回しで用いられるものの、ときとして産出高、売上収益や利益との差異を意識せず同等視されることもある。アウトプット指標として付加価値を用いることは研究調査上の専門家の視点であって、これが一般的に用いられて

いる生産性の考え方であると断言できない。ここに生産性のむずかしさがある。

　ただ、このことから付加価値生産性の指標が無用であるというわけではない。次式のような国レベルでの付加価値の一形態である1人当たりGDPは、「豊かさ」の指標の1つである。

$$1人当たりGDP = \frac{GDP}{総人口}$$

また、国際比較で用いられる国レベルの労働生産性の指標は次のとおりであり、基本的には1人当たりGDPの分母を労働要素になぞらえて置き換えたものである。

$$労働生産性（国） = \frac{GDP}{就業者総数　または　総就業時間}$$

　労働生産性を高めることは、就業者の豊かさにそのまま結びつくわけではないにしても、国全体としての国富の向上に結びつくことになる。アウトプットを付加価値とする指標は、この意味での生産性指標としての役割を有している。したがって、企業レベルでも、付加価値を集計できる範囲、例えば全社あるいは付加価値生成単位について、付加価値生産性を算定することには意義がある。

　ただ、組織階層や職務によっては、そもそもアウトプット指標としての付加価値を想定しがたい場合もあり、労働生産性をPDCAあるいはOODAに組み込んで管理することには、定式化された方式があるとはいいがたい。したがって、生産性の管理は、おぼろげにイメージされたインプットとアウトプットを可能な限り見える化することを通じて、組織階層や職務に適した指標を導出する試みを行うのがよいし、まず適合する生産性のイメージを形成して管理意識に織り込むことからスタートするのがよいであろう。

4 ｜ 本書の意図と特徴

　本書の構成は序章2で概括されるが、本書では、全体を通じて何らかの生産

性の概念を一様に措定して論じるのではなく、とくに実践での展開や事例の提示においては、生産性の多様性を前提とした記述が行われている。

　付加価値生産性を前提とした記述は、序章2および1章だけであり、かつ、1章2では、インプットを労働要素に限定せず、資本要素にも言及した精細な付加価値生産性の構成分解が詳述されている。これらは実践の現場では着目されにくい、基盤的な考え方の披露である。

　2章および3章で取り上げられる経営品質、事業創造、M&Aに関する経営改革や、組織、人事ならびに業務の革新という実践上の取り組みに関しては、一部に付加価値等への言及はみられるものの、基本的には付加価値を意識しない生産性の多様な考え方とそれによる実際上の取り組みを物語るものになっている。

　また、4章で扱われる事例は、いわゆる働き方改革に関連した事例と、新型コロナ禍で顕在化した、テレワークやRPAをはじめとするICTの適用事例から構成されている。いずれもわが国が直面している人口構成のアンバランスや産業のスマート化に関する「遅れ」を象徴する課題が扱われている。

　わが国が直面する「生産性改革の遅れ」や、日本生産性本部や関西生産性本部などが基本的な活動の綱領にしてきた生産性運動3原則の現代的な位置付けについては、終章で総括的に扱うこととするが、本書は、生産性の向上に向けた思考や取り組みを、ありのままに記述するものであり、新時代の高生産性経営を志向した多様な課題と解決策の一端を提示するものである。

［注］

1　日本生産性本部『労働生産性の国際比較2020年版』4頁。
2　日本生産性本部は2021年4月30日に「企業レベル生産性データベース」を公開した。個別企業のデータを入力すれば、簡易分析指標が得られるようになっている。

2 本書の考え方と体系

安田　弘

公益財団法人関西生産性本部　事業部担当部長・経営コンサルタント

1 ┃ 経営における生産性の捉え方

　経営は、図表序-2-1のとおり、外部環境とオープンに接したシステムである。組織はゴーイングコンサーンのために、経営資源をインプットとして調達し、スループットで直接・間接の各機能を統合して変換し、顧客に必要な財・サービスをアウトプットとして提供することで付加価値を創造している。イン

図表序-2-1　経営システム

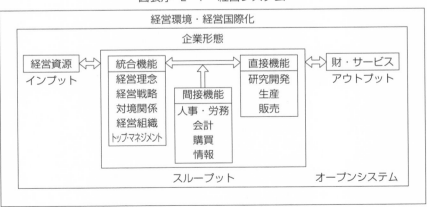

出所：花岡正夫・丸山啓輔（1990）『経営学総論』（白桃書房、18頁）

プットをいかに効果的・効率的にスループットで変換してアウトプットを産出するかということが、生産性を向上するということである。経営システムを例にして言えば、スループットの各機能である統合機能、直接機能、間接機能を生産性向上に向けていかに効果的・機能的に運営していくかということがポイントとなる。

2 ┃ 生産性向上のフレームワーク

　関西生産性本部60周年記念出版の前著『中堅・中小企業の生産性向上戦略』では、インプットである経営資源をアウトプットである付加価値に変換するスループットの各機能を3階層として、「経営戦略」、「経営管理」、「オペレーション」とおいた。また、各機能で重要となる生産性指標を考慮して、生産性向上のためのフレームワークを図表序-2-2のように図示した。

　「経営資源（ヒト、モノ、カネ）」をインプットとして調達し、「経営戦略」で方向性と資源配分を構想し、「経営管理」でコントロールし、「オペレーション」で財・サービスをアウトプットとして提供する経営システムを効果的・効率的に機能させることが生産性向上戦略である。生産性向上戦略の実行の結果として付加価値を継続的に創造することができるかどうかは、3つの機能であ

図表序-2-2　生産性向上戦略のフレームワーク

経営資源「投入(Input)」	重要な生産性向上機能	重要な生産性指標		付加価値額「産出(Output)」
	経営戦略	資本生産性（カネ）	付加価値額／総資本	
	経営管理	労働生産性（ヒト）	付加価値額／従業員数	
	オペレーション	設備投資効率（モノ）	付加価値額／有形固定資産	

出所：関西生産性本部（2016）『中堅・中小企業の生産性向上戦略』（清文社、32頁）より一部改変

る、「経営戦略」、「経営管理」、「オペレーション」が効果的・効率的に運営できるかにかかっているとしたものである。

　本書では、「経営戦略」における生産性向上機能を「経営革新」による生産性向上、「経営管理」における生産性向上機能を「組織革新」、「人事革新」による生産性向上、「オペレーション」における生産性向上機能を「業務革新」による生産性向上として、より掘り下げて解説することとした。

3 ｜ 本書における各章と生産性向上の関連

　このたびの65周年記念出版では、1章においては、生産性概論として、生産性指標や付加価値の定義なども含めて付加価値生産性に関するマクロとミクロの指標の理解と活用について解説している。2章においては、「経営革新」による生産性向上として、経営品質向上プログラムの活用による経営革新、ビジネスモデル革新による事業創造、企業間連携M&Aを活用した事業再構築という視点で経営革新による生産性向上を解説している。3章においては、「組織革新」、「人事革新」、「業務革新」によって生産性を向上させるための考え方と推進方法を解説している。4章においては、企業事例から学ぶ生産性向上として、生産性が高く働きやすい企業・職場表彰された関西の中堅・中小企業の2企業の取り組み事例、テレワークによる働き方改革で生産性を向上させている先進的な取り組みをしている外資系日本法人の企業事例、IT活用、なかでも今後の普及が見込まれるRPAを活用した業務改革およびデジタル人材育成を推進している関西大手グループ企業の取り組み事例など、具体的な実践事例によって、生産性向上の取り組みを紹介している。全体の体系は図表序-2-3のとおりである。

　前半の各種理論解説と後半の企業事例が、組織規模の大小や業種、業態の違いに関わらず、様々な組織にとって、おおいに役立つものと考えている。

図表序-2-3　本書における生産性向上の体系図

生産性向上

【序章】(本書概要)　　　【終章】(総括)

【1章】(生産性概論)　　【4章】(生産性向上企業事例)

【2章】(経営革新)　→　【3章】(組織・人事・業務革新)

A:資本生産性
(利益／総資本)

D:労働生産性(1人当り付加価値額)
(付加価値額／従業員数)

＝

B:資本回転率
(売上高／総資本)

E:1人当り売上高
(売上高／従業員数)

×

C:付加価値率
(付加価値額／売上高)

C:付加価値率
(付加価値額／売上高)

【3章2節】(人事革新)

(人材活用と分配面から生産性を点検)

F:1人当り人件費
(人件費／従業員数)

×

G:人件費生産性(労働分配率の逆数)
(付加価値額／人件費)

【3章3節】(業務革新)

(固定資産活用面から生産性を点検)

H:労働装備率
(有形固定資産／従業員数)

×

I:設備投資効率
(付加価値額／有形固定資産)

*付加価値額＝営業利益①＋人件費②＋減価償却費③(≒限界利益＝売上高-変動費)
　　　　　　(カネ)　　　(ヒト)　　　(モノ)

〈参考〉

損益計算書(P/L)

売上高

⊖変動費
(原材料費
外注費)

限界利益

⊖固定費
(人件費②
減価償却費③
その他費用)

営業利益①

⊕営業外収益
⊖営業外収益

経常利益

⊕特別利益
⊖特別損失

税引き前当期純利益

⊖法人税等

当期純利益

総合収益性

資本利益率
(利益／総資本)

＝

資本回転率
(売上高／総資本)

×

売上高利益率
(利益／売上高)

*上記利益は、
　経常利益の
　使用が一般的

(筆者作成)

第 **1** 章

生産性概論

1 付加価値生産性の現状と今後の見方・考え方

木内　康裕

公益財団法人日本生産性本部　上席研究員

1 ┃ 生産性とは

　近年、「生産性」という指標が新聞や雑誌など様々な媒体でよく使われるようになっている。生産性の考え方自体は、古くから企業の現場に加え、関西や東京など各地域の生産性本部が取り組んできた活動の中で用いられてきたこともあり、一定程度の認知度があったと思われる。しかし、経済社会の様々なシーンで生産性という言葉が幅広く用いられるようになったのは、2012年から2020年まで続いた安倍政権で、人口減少下でも持続的な経済成長を実現するため、「生産性革命」を掲げて様々な政策を展開するようになったことが大きい。2018年6月に「働き方改革関連法」として法制化された「働き方改革」も、より多くの人が働き続けることができるよう多様な働き方を許容するとともに、より短い時間でより多くの成果を出せるようにするため生産性向上が不可欠としたことも影響している。2020年9月に発足した菅政権も、生産性向上を政策課題の一つとして認識しており、政策的なイシューとしてこのところ数多く取り上げられている。

　ただ、生産性という言葉は、多くの人が言及するようになるにつれ、様々な意味合いで用いられるようにもなっている。生産性とは、

$$生産性 = \frac{\text{Output（生産量・GDP・売上など）}}{\text{Input（就業者数・総労働時間・設備など）}}$$

として表される。簡単にいえば、様々な形で捉えられるインプットとアウトプットの関係を指標化したものであり、必ずしも厳密に固定された定義を持つわけではない。そのため、使う側からすると、ある程度自由な意味合いで用いても問題はないということになる。しかし、それ故に「生産性」として用いられる内容が人によって少しずつ異なることになり、わかるようでわからない曖昧な指標と認識されやすくなる原因にもなっている。

　それでは、企業の現場や政策の中でよく用いられる生産性とはどのような定義によるものなのか。最も一般的なのは、労働生産性である。労働生産性とは、働く人1人が1時間にどれだけの成果（主に付加価値[1]が用いられる）を生み出したかを測る指標で、就業1時間当たり付加価値とも呼ばれている。これは、より少ない労力でどれだけ多くの成果を生み出したかを数値化したものということになる。また、働く人1人が年間でどれだけの成果を生み出したかを測る就業者1人当たり付加価値として表されることもある。

　こうした形で定義された労働生産性が向上すると、どのようなメリットがあるのだろうか。大きく分けると、①企業の利益拡大につながる、②従業員の賃金を上昇させる原資が拡大する、③持続的な経済成長に向けた推進力になる、といったことが挙げられる。

　労働生産性を向上させると企業利益拡大にどうつながるのか。労働生産性を向上させる方法を大別すると、高品質な製品・サービスを提供するなどして、これまでと同じ労力でより多くの付加価値が生み出せるようにする、あるいは業務効率化などにより、これまでと同じ付加価値をより少ない労力で生み出せるようにするといった方法がある。また、優れたビジネスモデルを構築し、人員を増やしながらもそれ以上に付加価値を拡大させていくような方法もある。いずれにしても労働生産性が向上していれば、（時間や就業者当たりでみた）付加価値が拡大することから、企業利益の原資が増えることになる。

　また、賃金を上昇させたければ、企業の支払い余力を大きくすることが欠かせない。企業も、ない袖は振れないからである。企業の支払い余力の源泉とは企業が生み出す付加価値にほかならない。労働生産性が向上するということは、従業員に分配できる付加価値（時間・就業者当たり）が増加するということであり、そうすると1人当たり賃金に割り当てられる原資が増えることになる。理論上は、付加価値を企業利益と賃金にどう分配するかを表す労働分配率が変わらなければ、労働生産性が向上した分だけ賃金も上昇することになる。実際には、賃金を交渉で決める企業が多いことや経済環境など他の要因の影響を受けるため、このような図式が常に成り立つわけではないが、賃金決定要因として労働生産性の推移が労使交渉の材料の一つになってきた。これまでの推移をみても、1990年代後半から2000年代にかけては、生産性が向上しても賃金

図表1-1-1　労働生産性と賃金の推移

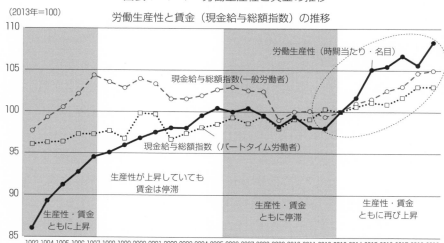

※内閣府「国民経済計算」、厚生労働省「毎月勤労統計」、総務省「労働力調査」をもとに日本生産性本部作成。
※それぞれの指標は2013年（5年前）を100として指数化。現金給与総額指数は、2012年まで厚生労働省が発表した再集計ベース。2011年以前は従来集計ベースであるため厳密には接続しないことに留意されたい。

がなかなか上がらない状況が続いていた。しかし、2012年あたりから2019年に
かけては、労働生産性が向上する中で賃金も上昇する状況が続いている[2]。

　最後に、経済の持続的な成長に生産性向上が重要な役割を果たすといわれて
いるのは、下の数式で表される経済学的な考え方に基づくものである。経済成
長を複数の要因に分解する方法はいくつかあるが、経済成長と労働生産性の関
係は、

経済成長率

　　＝（時間当たり）労働生産性上昇率＋就業者増加率＋労働時間増加率

と分解できる。つまり、労働生産性が向上するか、働く人が増えるか、より長
い時間働けば、経済は成長するということである。ただ、日本のように、人口
が減少する中で働く人を大幅に増やし続けることは難しい。また、働き方改革
の進展や短時間労働者の増加といった環境変化をふまえると、これから平均労
働時間が長くなるとは考えにくい。そうすると、労働生産性を向上させなけれ
ば、経済成長がおぼつかなくなる。これまで政策的に生産性向上が叫ばれてき
たのは、こうした背景がある。

　このところ「生産性」が数多く取り上げられるようになったのも、このよう
な生産性向上による様々な効果が重要だと多くの人が認識するようになったこ
とが一因になっているものと考えられる。

2 ┃ 日本の労働生産性の実態

　多くの企業や政府が生産性向上に取り組んできた結果、日本の労働生産性は
どのくらい上昇したのだろうか。

　日本の時間当たり労働生産性は、2019年度で4,927円（名目値）となってお
り、2011年度から10％近く上昇している。日本の労働生産性は、リーマン・
ショックや東日本大震災の影響もあり、2000年代後半からしばらく停滞してい
たが、2012年度から2019年度にかけて概ね上昇基調が続いてきた[3]。

　しかし、国際的にみると、日本の労働生産性の水準は必ずしも高いわけではない。日本生産性本部が毎年公表している「労働生産性の国際比較」によれば、日本の時間当たり労働生産性は47.9ドル（4,866円／2019年）であり、先進国で構成される OECD 加盟37カ国の中で21位にとどまっている。日本の労働生産性は、米国（77.0ドル）の概ね 6 割程度の水準であり、主要先進 7 カ国でみるとデータが取得可能な1970年以降、最下位の状況が続いている。

　もっとも、日本がこれまで優位を占めてきた製造業でみれば、1990年代後半から2000年あたりまで OECD 加盟国の中でもトップレベルに位置していたこともある。しかし、2000年代以降になると徐々に他国の後塵を拝するようになり、近年は14〜16位あたりで推移している。日本の製造業の労働生産性水準を米国と比較しても、2012年には 9 割近い水準だったが、2018年になると概ね 2／3 にまで落ち込んでいる[4]。

　こうしてみると、日本の労働生産性は、このところ名目額でこそ上昇を続けているものの、主要国に追い付くほどの勢いはなく、米国などとの差が縮まるには至っていない。そして、製造業も、かつてほど国際的にみて優位ではなくなりつつあることが生産性の推移からもみてとれる。

　なぜ、日本の労働生産性は低いのだろうか。こうした疑問に対しては、小売や飲食などを中心にサービス産業分野の生産性が低いことや、大企業よりも生産性が低くなりがちな中小企業の比率が高いこと、手間暇をかけて品質の高い製品やサービスを提供しているにもかかわらず十分な付加価値を得にくい環境にあること、収益や付加価値に直結しない無駄な業務がまだ残る働き方など、様々な指摘がされてきた。

図表1-1-2　OECD加盟諸国の時間当たり労働生産性

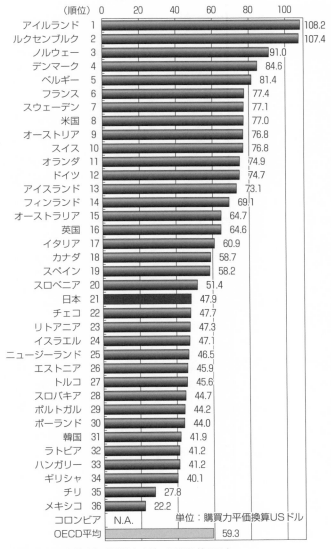

OECD加盟諸国の時間当たり
労働生産性（2019年／37カ国比較）

資料：日本生産性本部「労働生産性の国際比較2020」

図表 1 - 1 - 3　日米の産業別生産性と付加価値シェア

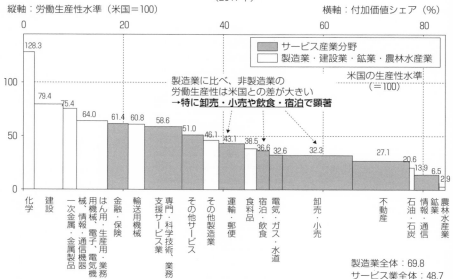

日米の産業別生産性（1時間あたり付加価値）と付加価値シェア
（2017年）

資料：滝澤美帆「産業別労働生産性水準の国際比較」（2020年5月）日本生産性本部 生産性レポート Vol.13
※「国民経済計算年次推計」（内閣府）・オーストリア「EU―KLEMS データベース」などをもとに滝澤
　美帆・学習院大学教授作成

　実際、日本の労働生産性水準を産業別に米国と比較すると、製造業に比べ、
卸売・小売や飲食、宿泊、運輸・郵便といった経済規模が比較的大きく、多く
の雇用を抱える分野の労働生産性が、米国の3〜4割程度にとどまっている[5]。
　日米欧の主要19カ国で比較しても、卸売・小売が17位、宿泊・飲食は14位と
下位に沈んでいる。専門・科学技術、業務支援サービスといったいわゆる
BtoB サービス（9位）はフランスやオランダを上回る状況にあることから、
全てのサービス分野に課題があるというわけではないものの、サービス産業の
労働生産性は向上の余地が多く残されているといえそうである。

3 ｜ 関西地方の労働生産性

　生産性を考える上では、地域によって労働生産性水準に格差があることも考慮に入れる必要がある。内閣府「県民経済計算」をもとに計測した地域ブロック別の労働生産性水準（就業者1人当たり付加価値）をみると、最も高い関東地方（924万円）と最も低い九州地方（723万円）には3割近い格差がある。関西地方の労働生産性は、関東・中部地方に次ぐ水準（832万円）であり、全国的にみれば比較的高い地域といってよい。ただし、労働生産性から関西地方を概観すると、人口規模が大きく数多くの企業が集積する大阪府（808万円）よりも、パナソニックをはじめ生産拠点が数多く集積する滋賀県（928万円）や、臨海部に工業地域が形成されている兵庫県（864万円）が地域の労働生産性水準を牽引する格好になっている[6]。

図表1-1-4　地域ブロック別の名目労働生産性水準

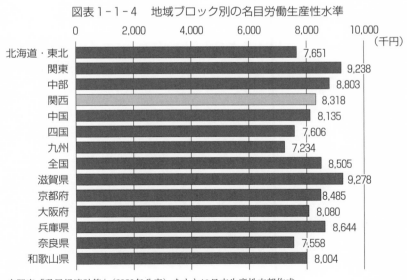

内閣府「県民経済計算」（2020年公表）をもとに日本生産性本部作成

　もっとも、大阪府の労働生産性が滋賀県や兵庫県などより低いからといって、大阪の人々が仕事を怠けているのかといえば、そういうわけではない。大阪は、大企業が数多く立地しており、そうした領域だけでみれば労働生産性は非常に高くなると思われる。しかし、大阪は伝統的に商業都市であり、小売や飲食、運輸といった分野の集積が進んでいる。こうした分野で働く人は、創意工夫を重ねながら頑張っている人が多いと思われるが、労働集約的な性格が強く、価格競争が激しいことなどもあって、構造的にどうしても生産性が低くなる傾向にある。そうしたことが、大阪府全体の労働生産性水準にも影響を及ぼしている。

　もともと、大阪に限らず関西地方は、人口密度が高く、サービスを提供するような業態にとって比較的有利な市場であるはずである。にもかかわらず、関西地方の労働生産性水準を業態別にみてみると、サービス産業主要分野で全国平均を上回っているのは、半分程度しかない。特に就業人口や産業規模が大きい飲食店や宿泊業、各種商品小売業といった分野の労働生産性は、全国平均を下回るような状況にある。多くの事業者が激しく競争する中で思ったような業績や労働生産性水準を実現することが難しい面はあるとしても、全国平均を下回るような状況には改善の余地がまだ残されているのではないかと思われる。

　また、関西に限る話ではないが、様々な業務を効率化して生産性向上を実現しても、その成果を低価格化競争の原資にして競争力強化につなげようとする企業も少なくない。実際、これまで長く続いてきたデフレの下では、消費者からの支持を集めやすいこともあって、こうした企業戦略が成功することも多かった。しかし、それを続けていくと、付加価値を拡大させることが難しくなり、生産性も向上しにくくなる。そうすると、企業努力をしているにもかかわらず、生産性が期待するほど上がらない状況に陥ってしまい、企業の利益や働く人の賃金水準もなかなか上がらなくなってしまう。そういった悪循環を打開していくことが重要だ。

図表1-1-5　サービス産業主要分野の生産性水準

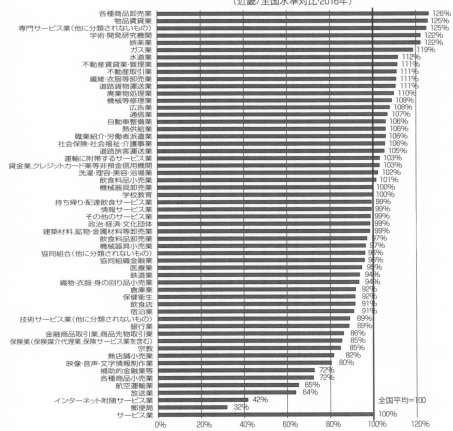

サービス産業主要分野の生産性水準
（近畿／全国水準対比・2016年）

各種商品卸売業	126%
物品賃貸業	125%
専門サービス業（他に分類されないもの）	125%
学術・開発研究機関	122%
娯楽業	122%
ガス業	119%
水道業	112%
不動産賃貸業・管理業	111%
不動産取引業	111%
繊維・衣服等卸売業	111%
道路貨物運送業	111%
廃棄物処理業	110%
機械等修理業	109%
広告業	108%
通信業	107%
自動車整備業	106%
熱供給業	106%
職業紹介・労働者派遣業	106%
社会保険・社会福祉・介護事業	106%
道路旅客運送業	105%
運輸に附帯するサービス業	103%
貸金業,クレジットカード業等非預金信用機関	103%
洗濯・理容・美容・浴場業	102%
飲食料品小売業	101%
機械器具卸売業	100%
学校教育	100%
持ち帰り・配達飲食サービス業	99%
情報サービス業	99%
その他のサービス業	99%
政治・経済・文化団体	99%
建築材料,鉱物・金属材料等卸売業	99%
飲食料品卸売業	97%
機械器具小売業	97%
協同組合（他に分類されないもの）	96%
協同組織金融業	96%
医療業	95%
鉄道業	94%
織物・衣服・身の回り品小売業	94%
倉庫業	92%
保健衛生	92%
飲食店	91%
宿泊業	91%
技術サービス業（他に分類されないもの）	89%
銀行業	89%
金融商品取引業,商品先物取引業	86%
保険業（保険媒介代理業,保険サービス業を含む）	85%
宗教	85%
無店舗小売業	82%
映像・音声・文字情報制作業	80%
補助的金融業等	72%
各種商品小売業	72%
航空運輸業	65%
放送業	64%
インターネット附随サービス業	42%
郵便局	32%
サービス業	100%

全国平均＝100

0%　20%　40%　60%　80%　100%　120%

資料：日本生産性本部「都道府県別生産性データベース」
※総務省「経済センサス活動調査」（2016年値）をもとに日本生産性本部が生産性を計測・比較。

　また、製造業を中心に、下請の中小企業が様々な企業努力をしているものの、元請の大企業による値下げ要請に応える形で取引価格が低下する状況がこれまで続いてきたことも生産性上昇の阻害要因になってきた。そこにも、血のにじむようなコスト低減などの企業努力が生産性向上に必ずしも結びつかない構図がみてとれる。企業が持続的に発展するには、生み出した価値を適正な形で具現化することが欠かせない。

　そうした観点からすると、これからの企業が生産性を向上させて利益拡大を実現し、賃金上昇にもつなげていくには、企業努力をうまく価値へと転換できるかが重要なカギとなる。中小企業庁が設置した「価値創造企業に関する賢人会議」でも、「消費者の価値観が多様化・複雑化してきた現代社会においては、企業規模や資本力だけではなく、個々のニーズに応える「価値」の創造が重要性を増してきている。そのため、コスト競争を通じて利益の最大化を目指す、従来の「大企業牽引モデル」に加え、実現したい「価値」を共有する大企業と中小企業が、業種・地域・Tier を越えてつながる、「複層化したバリューチェーンモデル」を広めていく必要がある[7]。」と指摘しているが、そのような取り組みも一つの回答になりうるだろう。

4 ｜ 労働生産性からみた関西の企業の特徴

　これまで概観してきたのは、平均値に基づいた関西地方全体の労働生産性についてである。しかし、実際に企業レベルで労働生産性をみていくと、平均値を上回る水準を実現している企業は1／3程度しかいない。幅広い企業の情報を収集している東京商工リサーチ社が提供する TSR データベースをもとにした日本生産性本部の分析[8]によると、関西に所在する企業の労働生産性（平均値）は901万円である。ただ、この「平均的な労働生産性」以上の企業割合は35％にとどまる。分布をみると、最も多いのは労働生産性水準が600〜700万円及び700〜800万円の企業である。いわばボリュームゾーンの企業の労働生産性

図表 1 - 1 - 6 企業の労働生産性の分布

企業の労働生産性の分布
（関西圏及び全国平均・全産業／2019年）

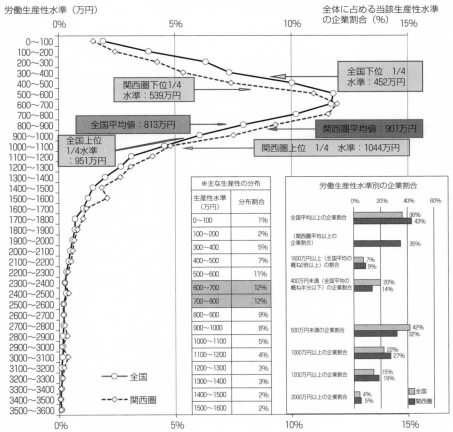

資料：日本生産性本部「企業レベル生産性データベース」

※関西圏：京都府・大阪府・滋賀県・兵庫県・奈良県・和歌山県。労働生産性：従業員１人当たり付加価値として計測。

は、平均的水準を1～3割程度下回っていることになる。こうしたことからすると、多くの企業が自らの労働生産性を平均以下でしかないと、現状を悲観的に捉えている可能性がある。平均的な労働生産性水準にある企業というのは、実は労働生産性からみれば「優良企業」といってよい。

　実際、関西の企業の分布を概観すると、労働生産性が1,600万円を超える企業が全体の9％を占めるなど、非常に労働生産性の高い一部の企業に平均が引っ張られている側面もある。こうした企業は、不動産業や電気業などのように構造的に多くの資本が投下されるビジネスモデルで労働生産性が高くなりやすくなっていることが多い。しかし、小売業や飲食業のように労働集約的な分野の中小企業であっても、経営者が自らの才覚で魅力的なビジネスモデルを構築し、高い労働生産性水準を実現しているようなケースもある。最低賃金を引き上げることで労働生産性の低い企業を淘汰すべきだといった意見も近年見かけるが、いずれにせよ地域の労働生産性を引き上げる方法は様々なパターンがあり、どのような形であれ高生産性企業を増やしていくことが欠かせない。

　企業の労働生産性をどう向上させていくのかを分析するにあたっては、付加価値分析という経営分析手法がある。これは、①収益性を表す「付加価値率」、②どのくらい資本が設備などとして投下されているかを表す「労働装備率」、③投下した資本・設備の効率を表す「固定資産回転率」を労働生産性の変動要因として分析を行う手法である。

　売上に占める付加価値が拡大すれば（＝付加価値率が上昇すれば）、たとえ売上が増えなくても、労働生産性は上昇することになる。また、多くの資本が投下されて製造効率の高い設備が多くなれば（＝労働装備率が改善すれば）、効率的な生産活動が可能になって労働生産性も上昇しやすくなる。そして、今ある設備をより有効に活用すること（＝固定資産回転率の改善）でも、生産性は向上するという考え方に基づくものである。これに、生産性に関連する指標として売上高営業利益率と資本生産性（設備当たり付加価値）を加え、関西地方の企業の平均像をみたものが図表1-1-7である。

図表1-1-7　生産性関連指標からみた関西地方の特徴

生産性関連指標からみた関西地方の特徴

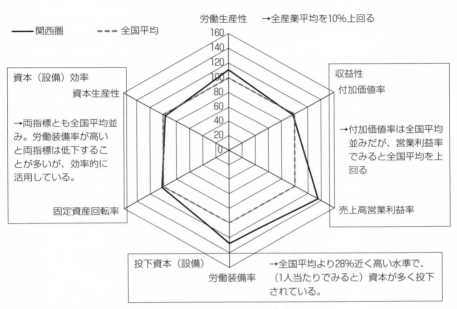

※日本生産性本部「企業レベル生産性データベース」をもとに作成。

　労働生産性と生産性関連指標から概観すると、関西地方に所在する企業平均の付加価値率は全国平均並みであり、他の地域より利幅が取れているわけではない。一方、付加価値率と同様に収益性を表す指標である売上高営業利益率をみると、全国平均を上回っている。このことは、利幅がなかなか取れないような厳しい競争環境下にありながら、経費節減などの努力により高い収益性を実現していることを示している。

　また、労働装備率は全国平均を28％程度上回っており、他の地域より多くの資本が投下されている。そうすると、どうしても資本効率が低下しがちになるため、固定資産回転率が低くなりやすい。しかし、関西の企業の固定資産回転率をみると、全国平均並みを維持できている。固定資産回転率と同様に資本効

率を測る指標である資本生産性も全国平均並みであることからすると、多くの資本・設備を持ちながら、それを有効に活用している傾向がみてとれる。それが、高い労働生産性水準へとつながっているものと考えられる。

5 ｜ 生産性向上にむけた方向性

　前節では、付加価値分析のフレームワークを概観したが、生産性を向上させるための道筋は様々であり、それぞれの企業で特徴をいかした方法を模索することが重要である。それでは、実際に企業が生産性を向上させようとしたとき、どのようなことが今日的なポイントとして認識されているのであろうか。多く指摘されるのは、以下のような取り組みである。

1 高度な情報（ICT）技術を前提とした働き方への移行

　高度な ICT 技術を前提とした働き方は、コロナ禍で業務を行う上でも不可欠として、テレワーク・リモートワークなどがにわかに脚光を浴びた。もっとも、既存の業務プロセスを効率化し、より高度にしていくために ICT 技術の効果的な活用が欠かせないことは、コロナ禍に限らず幅広いシーンに当てはまる。

　せっかく新しい技術を取り入れても、業務プロセスがこれまでと変わらなければ、業務効率はさほど変わらない。新しい技術を前提として業務を最適化し、個人が働き方を変えていくことができれば、労働生産性も大きく変化する可能性が高い。

2　AIやシステム化、ロボット活用による一部業務の自動化

　人手不足や賃金上昇に悩む現場では、レジ業務や掃除業務、運搬やピッキングなどの物流業務などでロボットなどによる自動化・省力化が進んでいる。発注業務のシステム化や棚卸業務の機械化も、小売を中心に普及してきている。人手に頼ることを前提とした働き方はどうしても低賃金労働に依存しがちになるため、AIやロボット、情報システムなどを効果的に活用した働き方への転換をうまく進めることができれば、企業の事業継続や生産性向上にもつながると期待されている。

3　製造業の経験を全ての業種に横展開

　製造現場では、生産活動の工程を分解し、無駄をなくす分析を行うことで効率化を進めてきた。こうした取り組みは、製造業に限らず、幅広い業態の店舗運営などにも応用可能である。サービス産業に属する企業であっても、このような製造業の経験を応用しながら業務プロセスを改革・標準化して多くの店舗に横展開することにより、企業の生産性向上につなげている例が多くみられる。

4　付加価値を高めていくための戦略的な活動（知識やブランドを源泉とするなど）の推進

　業務プロセス効率化・原価低減を目的とする取り組みは、方法論もある程度確立されており、短期的に一定の成果を見込めることから、これまで様々な分野で取り組まれてきた。しかし、労働やコストを削減する生産性向上の手法は、これまでに多くの企業で進められていることもあり、一層の生産性向上余

地が少なくなりつつある。

　むしろ、知識やブランドなどの無形資産をうまく活用することや、ビッグデータなどの情報資産を収集して（AIをはじめとする）IT技術をうまく活用することにより、付加価値を拡大させていくことが企業の売上拡大や生産性向上にもつながる余地が残されていると考えられる。

⑤　高いサービス品質の見える化・マネタイズ

　小売や飲食、宿泊といった分野は、製造業と比べると労働生産性水準が低いとされるが、一方で品質の高いサービスを提供することでも定評がある。これは、品質の高いサービスを提供するために多くの手間暇をかけているにもかかわらず、十分な利幅を確保できる価格をうまく設定できていないことが労働生産性の低さにもつながっているためである。

　ただ、各種調査を見る限り、日本の消費者は、品質の高いモノ（製品）と認めれば、喜んで品質に見合う支払いをするといわれている。「サービスはタダ」といった認識が一部にあるともいわれるが、サービスに対しては品質に見合った価格をかたくなに支払いたくない、と思っているわけではないだろう。

　したがって、提供するサービスの品質を認めてもらえるようブラッシュアップし、その良さを訴求することにより、顧客がそれに見合った支払いを喜んでしてくれるようにできれば、生産性向上の余地は大きい。

　このような目的から、顧客満足度指数を活用することでサービス品質（の一部）を「見える化」する取り組みも進んでいる。

　現在、様々な領域でデジタル化が進展し、既存事業が構造的な変化を迫られるようになっている。多くの人がこれまで行ってきた業務にもデジタル化の波が押し寄せており、従来のやり方が陳腐化するリスクにさらされている。そうした環境の変化に対応しながら、労働生産性を向上させることができるかどう

かが企業の盛衰を左右することになる。

　2020年に広がったコロナ禍による社会経済的な混乱も、企業を取り巻く環境の変化の一つといってよい。企業が生産性向上にどう取り組むのかということは、このような今日的な環境変化にも目を向けながら、企業の利益拡大や従業員の賃金上昇を実現するため「いかに少ない労力でより多くの成果をどう生み出すか」という、いつの時代でも変わらぬ課題にどう対処するかを問うているということでもある。

［注］
1　付加価値とは、外部から購入した原材料を加工するなどして生み出した価値のことで、売上と原材料費の差額に相当し、企業活動でいう粗利に近い概念である。
2　2020年は、コロナ禍による経済的な混乱で生産性と賃金ともに下落圧力がかかり、生産性と賃金がともに上昇する局面が変化した。当面は、コロナ禍といった外生的要因の影響を受けるものと思われる。
3　資料：日本生産性本部「日本の労働生産性の動向2020」（2020年11月）
4　資料：日本生産性本部「労働生産性の国際比較2020」（2020年12月）
5　資料：滝澤美帆「産業別労働生産性水準の国際比較」（2020年5月）日本生産性本部生産性レポート Vol.13
6　各地方ブロック・府県の労働生産性（就業者1人当たり付加価値）は内閣府「県民経済計算」（2020年公表）をもとに日本生産性本部が計測したもの。県民経済計算では、滋賀、京都、大阪、兵庫、奈良、和歌山を近畿地方として地方ブロックを定義しているが、ここでは便宜上それを関西とみなしている。
7　中小企業庁「価値創造企業に関する賢人会議　中間報告」（2020年2月）
　　注：文中の「Tier」は、サプライチェーンを構成する（下請などの）階層を意味する。
8　日本生産性本部は、東京商工リサーチが収集する広範な業種・規模の企業の財務データを取り扱う「TSRデータベース」をもとに、水野一郎・関西大学教授、宮川大介・一橋大学大学院准教授、滝澤美帆・学習院大学教授とともに「企業レベル生産性データベース」を構築し、企業の財務データベースの労働生産性及び生産性関連資料を業種別・地域別に提供している。ここでふれているのは、当該データベースに基づく分析の一部である。

2 付加価値生産性指標の経営管理への活用と実践事例

水野 一郎

関西大学　商学部教授

1 ┃ はじめに

　周知のように日本は、少子高齢化社会に突入し、生産年齢人口の増加が期待できなくなっており、女性や高齢者の活躍の場を広げながら、国民所得つまり国民経済全体の付加価値を向上させていくことが要請されている。政府も企業も付加価値を向上させることによる高付加価値経営が求められているのであり、その上で格差社会を是正し、中間層を維持拡大できるような適正な分配が必要となっている。この意味では日本の生産性運動が掲げてきた人間尊重の理念と「生産性運動の3原則（雇用の維持拡大、労使の協力と協議、成果の公正な分配）」は、決して色あせてはいないし、それどころか今日ますます付加価値の分析や活用の基盤として重要な原則となっているのである。特に「成果の公正な分配」については、「生産性向上の諸成果は、経営者、労働者および消費者に、国民経済の実情に応じて公正に分配されるものとする」[1]と説明されていたように、この原則は単に労使の分配だけではなくて、今日でいうステークホルダー全体の生産と分配を意識した理念であったことにも注目する必要がある。もちろん労使関係において労働分配は重要であり前提であるが、それ以上のことを実は語っていたのである。日本の生産性運動を牽引し、「ミスター生産性」とも呼ばれた日本生産性本部の郷司浩平元会長は、かつて生産性概念は

欧米とは違って、「会社という集団は、一つの社会を形成している。その会社の福祉、それは単に安い品物をつくるということだけじゃなくて、分配の問題も解決していかなければならない。」（郷司、1990、32頁）と述べていた。

　付加価値生産性指標を有意義に活用するためには、人件費を単なる原価・費用とはみなさずに付加価値から分配される労働成果と理解し、労使が一体となりうる経営共同体理念を尊重していることが重要であり、生産と同時にステークホルダーを意識した分配の側面にも配慮が必要なのである。

　このようなステークホルダーを重視する企業観は、欧米企業でも広がってきた。2019年8月19日、米国の主要企業の経営者団体であるビジネスラウンド・テーブル（Business Roundtable）は、「企業の目的に関する声明（Statement on the Purpose of a Corporation）」を公表し、株主だけではなく顧客や従業員、地域社会の利益をこれまで以上に尊重する方針を示した。この声明は短いものではあるが、米国における経営者の企業観の転換とも考えられる重要な声明であり、重要なステークホルダーである従業員には「従業員に投資する（Investing in our employees）」と約束し、「このことは、従業員に適正に支給し、重要な便益を提供することから始まる。それはまた、急速に変化する世界に向けて新しいスキルを開発するのに役立つトレーニングと教育によるサポートも含まれている。私たちは多様性と包括性、尊厳と尊敬を育む」としている。

　そして2020年1月21日開幕したダボス会議（世界経済フォーラムの年次総会）では、株主への利益を最優先する従来のやり方は、格差の拡大や環境問題という副作用を生んだという問題意識から、経営者に従業員や社会、環境にも配慮した「ステークホルダー資本主義」を求める声が高まっていた。またダボス会議のクラウス・シュワブ会長は、「日本経済新聞（2020年4月8日）」の「私見卓見」において「1月に開いた世界経済フォーラム（WEF）の年次総会（ダボス会議）のテーマは、『ステークホルダー（利害関係者）がつくる持続可能で結束した世界』だった。私はかねて、経営者がまず株主と顧客、従業員に利益をもたらし、地域社会にも貢献することを提唱してきた」と述べていたの

である。

2 ｜ 付加価値生産性指標の算定

　付加価値生産性指標については、まず日本生産性本部の生産性指標を取り上げてみたい。生産性運動の進展とともに、生産性指標として日本生産性本部方式の付加価値概念と付加価値関連指標が定着してきたのは、日本生産性本部が『付加価値分析〜生産性の測定と分配に関する統計』を1965年から発刊を始めたことである（1996年まで刊行）。関西生産性本部も付加価値分析委員会を組織して統計書『経営分析指標―わが国企業の付加価値分析―』を1978年から1997年まで刊行（そのうち1990年からは集計値のみ）してきた。これらの統計書はわが国における付加価値概念と付加価値分析に大きな影響を与え、付加価値分析を実務界に定着させる重要な役割を担ってきた。

　日本生産性本部方式として定着してきた付加価値概念と付加価値関連指標は、統計書の説明によれば次のようになっている。まず付加価値は次のように算定される。

付加価値＝純売上高－｛（原材料＋支払経費＋減価償却費）＋期首棚卸高－期末
　　　　　棚卸高±付加価値調整額｝

　このように生産高ではなくて純売上高を出発点として、これに対応する前給付（外部購入価値であり上式の ｛ ｝ 内の項目）を差し引いたものが日本生産性本部方式の付加価値になっている。そしてこの付加価値から労働収益を差し引いて営業利益を算出し、創造された付加価値が、労働収益と営業利益（資本収益）とに分配される状態が成果計算書において示されている。さらに経常利益計算の区分では営業利益（資本収益）が借入資本利子と経常利益とに分配される状態も表されている。すなわち経常利益＝営業利益＋（財務収益＋その他営業外収益）－（借入資本利子＋その他の財務費用＋その他の営業外費用）である。

　こうした日本生産性本部方式の付加価値計算の特徴は、①控除法によって付加価値が算定されていること、②減価償却費を前給付費用に含めており、付加価値は減価償却費を含まない純付加価値となっていること、③付加価値から労働収益を控除して営業利益を算出し、営業利益計算を通して損益計算書と結びつけて成果計算書を作成していること、④期首期末棚卸高調整を通して事実上、総産出高が売上高基準ではなくて生産高基準になっているようにも理解できること、である。なお日本生産性本部方式の付加価値では、企業の金融収益の増大を考慮して「金融収支込み付加価値」も計算していたことに注目しておく必要もある。この金融収支込み付加価値は、付加価値＋財務収益＋商品有価証券売買損益で算定される。

　ただ日本生産性本部方式では付加価値計算方法として控除法を採用しているものの付加価値の分配として付加価値－労働収益＝営業利益を示すことによって、労働収益＋営業利益＝付加価値とも理解でき、加算法からの付加価値計算も容易に可能となっている。このように日本生産性本部方式の付加価値計算は、制度会計とも結びつけられ、よく考え抜かれた付加価値概念といえるだろう。

　付加価値関連指標としては、①労働生産性＝付加価値／従業員、②付加価値率＝付加価値／純売上高、③１人当り売上高＝純売上高／従業員数、④資本集約度＝経営資本²／従業員数、⑤労働装備率＝有形固定資産／従業員数、⑥労働分配率＝労働収益／付加価値、⑦資本分配率＝営業利益／付加価値、⑧労働所得＝労働収益／従業員数、⑨実質労働所得＝労働所得／消費者物価指数、⑩経営資本利益率＝営業利益／経営資本、⑪経営資本回転率＝純売上高／経営資本、⑫有形固定資産回転率＝純売上高／有形固定資産、⑬売上高総利益率＝売上総利益／純売上高、⑭売上高営業利益率＝営業利益／純売上高、などが提示されていた。

　またイギリスでも1970年代に入って付加価値情報が注目されていた。企業の経営管理に付加価値と限界利益とを意識的に結び付けて活用することが行われ

ていたが（水野、1990、194-197頁）、とくに重要なインパクトを与えたのは、1975年に会計基準運営委員会（ASSC）が『コーポレート・レポート（*The Corporate Report—a discussion paper*）』という討議資料を公表したことであった。『コーポレート・レポート』において付加価値計算書の作成とこの外部への報告が提案されたのである。これによってイギリスの付加価値会計に関する議論は大いに盛り上がってきたのである。この時期の動向は山上達人教授が詳しく紹介されている（山上、1984）。ASSC の提案に基づいた付加価値計算書の自発的な的開示は、1970年代後半に一時期急速に広がった。ASSC は付加価値を「企業が従業員との努力により創造した富」と定義し、提案された付加価値計算書を算定式で示せば次のようになっていた（ASSC, 1975, pp.49-50）。

付加価値の創出：売上高—購入材料・サービス＝付加価値

付加価値の分配：付加価値＝従業員（賃金・年金・フリンジベネフィット）＋資本提供者（支払利息・株主配当）＋政府（法人税）＋資産の維持・拡張（減価償却費・留保利益）

　すなわち『コーポレート・レポート』の付加価値は、控除法によって算定され、減価償却費を含む粗付加価値概念であった。

　さてこれまで日本生産性本部以外にもわが国では各種統計において付加価値が算定され、付加価値分析が実施されてきた。しかし日本生産性本部、関西生産性本部の統計書を含めて、統計書の多くは現在では廃刊となっている。これまでの各機関、組織が算出し、公表されてきた付加価値は、付加価値構成要素がそれぞれ少しずつ異なっており、そのことにより付加価値の理解をより複雑にしてきた。梶浦昭友教授は主要な各種統計の付加価値を比較して整理し、ステークホルダーとの関係も補足された表を作成されており、そこでは各種統計の付加価値概念の特徴がわかりやすく示されている（梶浦、2016、64頁）。

3 ┃ 付加価値生産性・分配性分析

　つぎにこうした付加価値指標を利用した付加価値分析の基本的な手法を紹介する。実際の企業ではこうした手法をそれぞれの実状に対応して用いられている。

1 生産性分析

　付加価値分析は、一般的にはまず、生産の側面に焦点が当てられ、付加価値生産性の測定と分析より始められる。というのは、現代企業にとって収益性は最も重要な指標ではあるものの、その長期的で安定的な向上は、能率の改善や生産性の向上を通じてのみ確実なものとして保証されるからである。一時的で投機的な利潤追求とは異なった収益性の基底には生産性が存在しているのである。

①労働生産性（付加価値／従業員数）＝経営資本集約度（経営資本／従業員数）
　×経営資本回転率（売上高／経営資本）×付加価値率（付加価値／売上高）

　この等式は、労働生産性を経営資本集約度、経営資本回転率、付加価値率の３つに生産要因を分析するものであり、これによって労働生産性の向上が投資対策によるものか、操業度対策によるものか、あるいは外注対策によるものか、を検討し、またその相互関係をみていくのである。経営資本とは、一般に総資本（総資産）から繰延資産、投資その他、建設仮勘定などを控除した資本概念であり、営業利益に対応される資本概念である。

　この等式が基本的なものであるが、これはさらにつぎの②と③の式のようにも展開できる。

②労働生産性（付加価値／従業員数）
　＝１人当り売上高（売上高／従業員数）×付加価値率（付加価値／売上高）

③労働生産性（付加価値／従業員数）

　　＝経営資本集約度（経営資本／従業員数）×経営資本生産性（付加価値／経
　　営資本）

　②の式は、1人当り売上高と付加価値率に分析するため、労働生産性の向上
が、売上高の増大か、あるいは高付加価値化か、いずれの方に重点があるのか
がわかる。③の式は、経営資本生産性すなわち経営資本の投資効率を一定とす
れば、生産性の向上には資本集約度の高度化が不可欠なことがわかる。また1
人当り売上高は、つぎのような式にも分解されるので、この関連式を用いて生
産性の要因分析をすることも可能である。

1人当り売上高（売上高／従業員数)＝労働装備率（有形固定資産／従業員数)
×有形固定資産回転率（売上高／有形固定資産）

② 分配性分析

　つぎに付加価値の分配の側面に注目してみよう。付加価値分配性は、労働分
配率（労働分配額／付加価値）、資本分配率（資本分配額／付加価値）、社会分
配率（租税公課など社会分配額／付加価値）などであらわされるが、それは、
企業の内部と外部との社会関係を示していて企業の安定性と深く関わってい
る。とりわけ従業員は、企業をめぐるステークホルダーのなかで最も重要な集
団の一つであり、企業の存続と長期的な発展にとっては健全な労使関係の確立
が不可欠である。従業員は、成果分配に当然大きな関心を寄せているが、とく
に重要なものは賃金水準をあらわす1人当り労働所得である。

　そのため付加価値分配性の分析は、通常、1人当り労働所得からはじまるつ
ぎのような等式が用いられる。

①1人当り労働所得（労働収益／従業員数）

　　＝労働生産性（付加価値／従業員数）×労働分配率（労働収益／付加価値）

　この式は、1人当り労働所得を労働生産性と労働分配率の2要因に分解する

ものであり、これは、労働分配率が一定であれば、1人当り労働所得を増加させるためには労働生産性の向上が必要なことを示している。逆に労働生産性が一定であれば、労働者側の運動などによって労働分配率を上昇させることにより1人当り労働所得つまり賃金水準は高くなる。

　上記の式は労働関係をあらわす関連式としてよく利用されるものであるが、そのほかにもつぎのような等式が補足的に用いられる。

②1人当り労働所得（労働収益／従業員数）
　＝1人当り売上高（売上高／従業員数）×売上高人件費率（労働収益／売上高）

　この式は、1人当り労働所得を二つの規定要因、すなわち1人当り売上高と売上高人件費率に分解したものである。この②の式は、上記の①式とは違って売上高に重点を置いたものであり、いわば販売効率指向の要因分析といえるであろう。またそれは、付加価値を介在させないため、労働収益を付加価値からの分配というよりも費用として位置づける人件費分析に事実上なっているのである。経営管理的には①と②の両式を利用して、社会的な影響を大きく受ける賃金水準つまり1人当り労働所得の上昇が、1人当り付加価値や売上高の増大によるものか、分配率などの上昇によるものかを分析し、今後の対応策を検討することができる。

4 ┃ 付加価値生産性指標の活用事例

① キーエンス：粗利を付加価値とみなす高付加価値経営

　キーエンスは、工場用各種センサーの開発・販売を主要な事業として展開している高株価、高収益企業であると同時に従業員の年収がきわめて高い企業として有名である。有価証券報告書によれば、平均年齢35.9歳、平均年間給与2,088万円（2018年3月）、平均年齢35.6歳、平均年間給与1,839万円（2020年

３月）となっている。高株価、高収益、高給与が実現できるのは何よりも高付加価値が達成されているからである。キーエンスは、高付加価値経営の具体的な展開が成功している重要な事例の一つと言えるだろう。こうしたキーエンスの高付加価値経営は、創業者の滝崎武光名誉会長によって方向付けられたものである。滝崎名誉会長はかつて『日経ビジネス』誌の何度かのインタビューで次のように述べていた。「将来は株価だけではなく、給与も日本一にしたい」（同誌1991年６月24日号76頁）。「メーカーである限りは作り出すモノに付加価値を付けて世に問うべきだ」、「１人当たりの生産性が高くなければ事業とは言えない」（同誌1995年１月16日号48頁）。「新製品の開発や生産に踏み切るときの目安は、１人あたりの付加価値額がどのくらいになるかですね。」（同誌1997年３月３日号74頁）。「我々は、１人当たりの付加価値を上げ、１人当たりの営業利益を上げて、１人当たりの報酬を高めようという意識で昔からやってきました」（同誌2003年10月27日号41頁）。

　こうした滝崎名誉会長の経営理念は「最小の資本と人で最大の付加価値をあげる」とまとめられ、現在でも継承されている。同社ホームページにおいて中田有社長は、「全ては付加価値の創造のために」と題して次のように述べている。「1974年の会社設立以来、付加価値の創造こそが企業の存在意義であり、また、そのことによって社会へ貢献するという考えのもと、全社一丸となって事業活動に取り組んでまいりました。世の中にない価値を生み出すことに取り組み続け、新商品の約70％が世界初、業界初の商品となっており、世界のさまざまな業界のお客様に当社商品をご採用いただいております。おかげさまで世界のグローバル企業の中でも有数の優良企業として高くご評価いただけるようになりました。--中略--また『高い付加価値を持つ商品を世に送り出し続けること』も重要な課題です。ものづくりの現場で何が起きているか正しく把握し、先を見通すことで、お客様もまだ気づいていない課題を解決する新しい価値を持った商品が生み出されます。社員一人ひとりが生み出した付加価値が社会の皆様のお役にたてますよう、全社員一丸となって真摯に業務に取り組んで

まいります」。

　キーエンスについては直接のインタビューが難しいのであるが、公表されているリクルート関係の著書（ダイヤモンド会社探検隊編2010、日経BPコンサルティング企業研究会編2013）における会社関係者のインタビューや研究書（延岡健太郎・岩崎孝明2014、楠木建2007）などを参考にすれば、キーエンスの高付加価値経営の特徴は次のように整理することができる。

1）「顧客の欲しいモノはつくらない」という商品企画・開発の仕組み

　顧客自身が想像もしていなかったような潜在ニーズを満たしてくれる商品に出会うと感動、驚きとともに「高くても欲しい」という心理が生まれる。これによって、高付加価値の商品を生み出せる商品企画・開発の仕組みを構築する。顧客の欲しいモノは売れるだろうが、「欲しいモノを安く買いたい」というのが顧客の心理である。

2）ファブレス経営

　キーエンスはファブレス経営を進めており、工場を持たず、生産は基本的に外部委託し、製品の企画・開発のみを自社でおこなう仕組みを確立している。ただ技術やノウハウを蓄積するために、試作工場、マザー工場としてキーエンスエンジニアリング株式会社を100％子会社にして運営している。キーエンスは有価証券報告書において単体の製造原価明細書を公表しているが、平成29年事業年度では製造原価のうち労務費は3％に過ぎず材料費74.7％、外注加工費が15.5％、経費が6.9％になっているのである（2018年3月期有価証券報告書）。

3）コンサルティング直販営業体制

　これは販売代理店制度をとらず、直接営業マンが顧客に対応する仕組みである。直接対応することでより的確な課題解決策の提案が可能になり、クイック

レスポンスも可能になる。高付加価値を実現させ、推進している重要な組織体制である。

４）人時生産性の導入

　人件費は経費ではなく、１人当たりの付加価値を上げ、１人当たりの営業利益を上げ、１人当たりの報酬額を高めるというものがキーエンスの目標である。そのために時間チャージという仕組みつまり各社員が１時間当たりに創出すべき付加価値額が決められており、人時生産性と呼ぶことができるものを導入し、各社員の１時間当たり付加価値額を年に１回発表しているようである。キーエンスでは社内的に、各社員が１時間当たりに創出すべき付加価値額が決められている。これは「時間チャージ」と呼ばれ、今年度の計画粗利（付加価値）額を全社員の総就業時間で割り、役職によって調整した額である。「時間チャージ」相応以上の成果を出すためには、付加価値の絶対額を増やすか、費やす時間を削減するか、これら両面からの努力が求められる。これらは社員が付加価値の創造に専念できるようにするためである。その他あらゆる場面で、時間の管理は正確さが要求され、営業担当者は外出報告書を１分単位で記入する。議事録や企画書など書類の作成時間も書く欄があり、時間と付加価値に関して常に考えさせる仕組みを作っている。

② 　京セラの付加価値生産性指標の活用

　「京セラでは、『会計学』と『アメーバ経営』と呼ばれている小集団独立採算制度による経営管理システムとが両輪として、経営管理の根幹をなしている。それは京セラの経営哲学という基盤のうえに、会計学とアメーバ経営と言う二本の柱によって支えられている家にも例えられる。もちろん、この二本の柱のうち一本が欠けても家は支えられないように、お互いが相手を補完する関係にある。」（稲盛、1998、122頁）。「全従業員が労使共通の目的のために、お互い

に協力し合えることが理想」であり、「もし、会社が、ひとつの大家族であるかのような運命共同体となり、経営者と従業員が家族のごとくお互いに理解し、励まし合い、助け合うならば、労使一体となり会社経営ができるはずである」（稲盛、2006、53頁）。実際、京セラの労働組合も1969年の「設立当時から『労使間の枠を超越した企業の人間集団の幸せをとことん追求する世界に類のない労働組合をつくろう』という考えをもち、現在も『労使同軸』『責任二分論』という言葉でその精神が引き継がれている」（京セラ労働組合ホームページ）。京セラのアメーバ経営といわれるものが、稲盛氏の発案をベースにして京セラの経営現場で実務的検証に耐え、鍛え上げられてきた経営管理システムであり、その構造的特徴が「市場に直結した部門別採算制度」と「時間当たり採算制度」にあることは今や周知のこととなっている。以前はこのかなり多くの部分が社外秘になっていたが、近年になってこれらの内容については稲盛氏自身が著書で紹介され、また研究者の著書や論文も多数にのぼっている。したがって京セラのアメーバ経営の詳細についてはこれらに譲ることとして、ここでは京セラの「時間当たり採算制度」を付加価値生産性指標の活用の視点から事例紹介とする。まず京セラ管理会計の計算構造であるが、各アメーバ（組織を細分化した部門の採算単位）で以下のような計算がなされ、各アメーバの業績が評価される。

①総出荷（社外出荷＋社内売）－社内買＝総生産

②総生産－経費（社外からの購入費＋人件費以外の販売費・一般管理費＋減価償却費＋その他経費）＝差引売上（付加価値）

③差引売上÷アメーバ構成員の総労働時間＝時間当り差引売上（時間当たり付加価値）

　上式の差引売上はアメーバがつくり出した付加価値であり、京セラの付加価値概念となっている。これは付加価値計算では控除法と呼ばれる計算方法で、減価償却費も控除しており狭義の純付加価値となっている。付加価値の構成要素は労働成果である賃金・給料と資本成果である利益である。なお上記の経費

には固定資産金利や在庫金利などの金利部分つまり資本コストが含まれており、京セラの付加価値は EVA や RI との関係で検討することも必要である。このような計算が各アメーバで毎日行われ、それによって業績管理に役立てられている。またこの計算はほぼ現金主義に基づいており、過程がシンプルなので従業員にも理解しやすい成果計算となっている。

③　日本経営グループの付加価値指標の活用

　大阪に本社を置く中堅のコンサルティング会社で、最近存在感を高めている日本経営グループも付加価値指標を経営管理に活用している。同社グループは1967年に菱村総合税務会計事務所として設立され、業務の拡大に対応して分社化がなされ、医療関係を中心とするコンサルティング業務と会計・税務のコンプライアンス業務から構成されている（https://nkgr.co.jp　参照）。同社グループは創業以来50年間無借金経営を続けており、社員数はグループ全体で2478名（2019年3月）となっている。創業当時 TKC に加入し、また盛和塾にも会長、社長が入会されていたことがあり、飯塚毅氏、稲盛和夫氏からの影響は大きい。同社グループの経営理念は、「全従業員とその家族の幸福を追求するとともに、その幸福に氣づいて感謝できる心を育み、社会の成長発展に貢献する」という基本理念を中心に、社訓、五信条、から構成され、従業員の福利厚生の充実を図り、家族主義経営を展開している。

　同社グループが30年以上用いられてきたのが一人別損益計算書と人時生産性指標である。一人別損益計算書では個人別に下記のような計算式で月次の付加価値、差引利益が計算され、興味深いものとなっている（簡略表示）。

①　固定売上（顧問料その他）＋変動売上（MS 業務・セミナー開催・講師料その他）＝外部売上
②　外部売上げ－外部仕入＝外部付加価値
③　外部付加価値＋内部売上－内部仕入＝付加価値

④　付加価値 − 人件費 − 研修費 − 巡回交通費 − 定額配賦費＝差引利益

⑤　１時間あたり外部付加価値＝外部付加価値÷実働時間

⑥　１時間あたり利益＝差引利益÷実働時間

⑦　差引利益 − 規範利益＝個人業績の赤字・黒字

　また同社の経営理念などを纏めた『日本経営フィロソフィー』には次のように付加価値指標と人件費について説明されている。すなわち「売上や付加価値、時間当たりの生産性などの数字が全員の頭にしっかり入っていて、即座にその数字が口をついて出てこなければならないのです。そして、採算意識を高め、一人ひとりの人時生産性を高めていくためには、『あなたの給料は、１時間当たり2,500円です。だから１時間で２倍以上の価値を生み出してもらわないと、会社は赤字になるのです。個人人件費の予算においては、付加価値が人件費の３倍を超過しないと、正しい利益とはならないのです。』ということを数字で明示し、意識していく必要があるのです。」さらに「日本経営は一人別損益計算書をベースとし、一人ひとりが経営者として採算意識をもって業務の組み立てを振り返り、見直してきました。」と述べている[3]。

④　キリックスグループの付加価値指標の活用

　名古屋に本社を置くキリックスグループは、1960年に設立され、カーリース事業のキリックスリースと自動車販売のネッツトヨタ東名古屋を中核会社とする企業グループであり、資本金３億９千万円、売上高525億円、社員数850名となっている。同社グループは三誠の精神（誠心・誠意・誠実）を基本理念にして「お客様との信頼関係を築くために自ら主体的に取り組み、素晴らしい価値を創造、提供出来る社員を育成し、"価値創造企業"としてお客様から信頼され、地域社会から必要とされる企業」を目指している（http://www.kirix.co.jp/参照）。とくに「社員とその家族の幸せ・豊かさづくり」を経営理念の一つとして家族主義経営を展開している。

　同社グループの付加価値とその分配は、次のような計算構造となっている。

　売上高から売上原価を控除して算定された売上総利益を限界利益（＝付加価値）と理解して、それを人件費40％、経費40％、経常利益20％（法人税10％当期利益10％）に分配するようになっている。経費は、「お客様への価値」であり、お客様中心の価値づくりに用いられ、人件費は「従業員への価値」であり、社員とその家族の幸せ・豊かさづくりに用いられる。すなわち従業員への給料だけではなく、様々な福利厚生を含む従業員の処遇に活用されるのである。なお経常利益のうちの法人税は「社会への価値」であり、地域社会への貢献とみなされている。このようにキリックスグループは、売上総利益を限界利益、また付加価値とみなして経営管理に用いており、分配構造もシンプルなものとなっている。こうした付加価値の計算と分配は、かなり以前から用いられているとのことである[4]。

　付加価値の分配性の分析ですでに述べてきたことであるが、1人当り労働所得＝労働生産性×労働分配率であり、1人当り労働所得を増加させるには、労働生産性もしくは労働分配率の向上が必要である。労働分配率が労使の協議で一定の了解があれば、何よりも付加価値の増大、労働生産性の向上こそが1人当り労働所得つまり賃金と福利厚生など従業員の処遇を整備し、高めることができるのである。キリックスグループでは労働分配率が40％と決められているため、従業員は高付加価値経営や労働生産性の向上に努力することが給料や処遇の改善に繋がることをただちに理解することができるのである。

5 ｜ むすび ──付加価値生産性指標の多様性を考慮──

　本稿では付加価値生産性指標の算定からその分析、そして付加価値生産性指標を活用している企業を紹介してきたが、売上総利益や限界利益を付加価値と理解して経営管理に用いることは、現実の企業実務において、とくに非製造業ではしばしば実践されている。中堅・中小企業では、経営管理のために、売上

高から変動費を控除した限界利益（貢献利益）を付加価値として理解し、限界利益（貢献利益）＝付加価値を生産性分析や成果分配のために活用する事例も多いが、それも付加価値分析の範疇として考えることは可能である。中小企業23万社超の決算書を基礎にした TKC の経営指標でも限界利益を付加価値とみなして活用されており（『TKC 経営指標（BAST）用語集』参照）、多様な付加価値概念の一つとして認識することが重要となっている。また業種間、他企業との比較や分析のためには各種統計の付加価値概念に修正して活用することも必要である。

　かつて1930年代の原価計算・管理会計の発展に重要なインパクトを与えたのが「異なる目的には、異なる原価（Different Costs for Different Purposes）」というスローガンであったが[5]、付加価値会計でも付加価値生産性指標の多様性を考慮し、「異なる目的には、異なる付加価値」という考え方の下で、高付加価値経営を展開することが重要である。

［注］
1　政府関係 9 省事務次官と生産性本部役員とで構成する第 1 回日本生産性連絡会議（1955年 5 月20日）において「生産性向上運動に関する了解事項」として説明されていた。
2　経営資本とは、企業に投下されている総資本のうち、生産や販売など企業の経営活動に運用されている資本のことであり、その金額は、一般に、貸借対照表の資産総額から、建設仮勘定などの未稼働資産、遊休資産、繰延資産、投資その他の資産などを控除して算定される。日本生産性本部の統計書では次のように計算されていた。経営資本＝貸借対照表の資産合計（評価性引当金控除）―建設仮勘定・建設前渡金―投資その他の資産合計―株式発行費・社債発行差金・社債発行費・建設利息・臨時巨額の損失。
3　これらは、同社グループの藤澤功明会長の関西大学における 2 回にわたる講演、丹羽修二副社長の日本管理会計学会2017年度第 2 回フォーラムでの講演、および同社のホームページ、『日本経営フィロソフィー』、そして数度にわたる懇談などに基づいて

いる。

4　これらは、私のゼミで講演していただいた講演資料（2018年11月12日）とインタ
　ビュー調査（2019年 3 月29日）によるものである。

5　クラーク（J.M.Clark）が1923年に *Studies in the Economics of Overhead Costs* を刊
　行したが、その第 9 章のタイトルが Different Costs for Different Purposes:An Illus-
　trated Problem であった。ここに「異なる目的には異なる原価」が誕生し、廣本教授
　は「管理会計は、その指導原理として『異なる目的には異なる原価』の思考を採用す
　ることによって、急速に発展し、その成果が伝統的管理会計論として確立されるに
　至ったこと」をその著書で明らかにされている（廣本、1993、386頁）。

［主要参考文献］

稲盛和夫（1998）『稲盛和夫の実学：経営と会計』日本経済新聞社。

稲盛和夫（2006）『アメーバ経営』日本経済新聞社。

梶浦昭友編（2016）『生産性向上の理論と実践』中央経済社。

楠木建（2007）「第14章差別化の目に見えない側面：日本のエレクトロニクス企業」（柴
　田勉・竹内弘高共編『より高度の知識経済化で一層の発展をめざす日本―諸外国へ
　の教訓』一灯舎所収）

郷司浩平（1990）『郷司浩平・生産性とともに』日本生産性本部。

ダイヤモンド会社探検隊編（2010）『会社の歩き方：2012キーエンス』ダイヤモンド社

日本生産性本部「新たな付加価値分析に関する研究会」編（2019）『高付加価値会計に
　むけた今日的な付加価値概念（CVA）：社会的価値と経済的価値の統合をめざし
　て』日本生産性本部。

日経 BP コンサルティング企業研究会編（2013）『世界が注目する付加価値創造企業
　キーエンス』日経 BP コンサルティング。

延岡健太郎・岩崎孝明（2014）『ビジネスケースキーエンス〜驚異的な業績を生み続け
　る経営哲学』一橋ビジネスレビュー e 新書 No. 7 。

廣本敏郎（1993）『米国管理会計論発達史』森山書店

水野一郎（1990）『現代企業の管理会計−付加価値管理会計序説』白桃書房

水野一郎（2015）「日本における生産性運動と付加価値会計」『商学集志』第84巻第 3 ・
　4 号。

水野一郎（2020）「多様な付加価値を適切に社員に分配する」『企業会計』Vol.72No. 7 。

山上達人（1984）『付加価値会計の研究』有斐閣。

『日経ビジネス』1991年6月24日号、1995年1月16日号、1997年3月3日号、2003年10月27日号。

Accounting Standards Steering Committee, 1975, "*The Corporate Report*," London.

（付記）

　本研究は JSPS 科研費（基盤研究 C）19K02028の助成を受けたものである。記して感謝申し上げる。

第 2 章

生産性向上実現のための
経営革新

① 経営品質向上プログラムを活用した経営革新

加賀　龍太

合同会社アルファ　代表

1 ┃ はじめに

　ここでは、高生産性経営の実現、生産性向上につなげる経営革新について、経営品質向上プログラムを活用した実践方法を、日本経営品質賞や関西経営品質賞での審査員としての活動や、経営コンサルタントとしてのプログラムを用いた経営革新の支援などを通じた経験、知見から紹介、説明する。

　経営品質向上プログラムは、現在、世界で100ヶ国以上、アジアでも17ヶ国以上、日本では全国22の地域で活動が展開されている。(詳しくは、経営品質協議会、関西経営品質協議会のHPを参照)「卓越した経営」を目指す姿とし「顧客本位・社員重視・社会との調和・独自能力」という4つの基本理念のもと、お客様の求める価値を創造・提供する「顧客価値経営」に取り組み、継続的に成果を上げていくことを志向している。換言すれば、付加価値を創造することで、「分子の改善・革新」で生産性を向上させるアプローチとも言える。

　このプログラムは、「組織プロフィール」と経営を8つのカテゴリーに区分したフレームワークで構成され、「セルフアセスメント」(自社による経営の振り返り)によって経営改善、革新を推進するマネジメント手法という特長がある(図表2-1-1参照)。今回は、「組織プロフィール」を用いた経営改善・革新の実践に絞って紹介を行う。「組織プロフィール」は、戦略を考える枠組み

で、Ⅰ．理想的な姿の明確化、Ⅱ．現状認識と環境変化の予測、Ⅲ．変革のための戦略課題の設定で構成され、シンプルかつ効果的に戦略の検討や見直し、明確化を行うことができる（図表2-1-2参照）。昨今の新型コロナウィルス感染症の世界的流行が社会のデジタル化など来るべき未来を10年早く連れてきたとも言われるくらい大きな環境変化が起き、多くの企業が戦略、ビジネスモデルの転換を迫られている。そういったなかで、改めてこのプログラムに取り組む、特に「組織プロフィール」のフレームを活用する企業が増えてきている。具体的な進め方については後述するが、日本経営品質賞アセスメント基準書を拠りどころとして、経営トップと経営幹部層などで現状や将来の環境変化の予測、経営革新で目指したい姿を各自で検討を行い、対話を通じて戦略や計画の策定を行う流れになっている。全国各地で定期的に開催されている経営品質協議会が主催する「アセスメントコース」では、考え方・概要についての学習、実践方法の習得が可能となっている。

図表2-1-1　組織プロフィールと8つのカテゴリー関係図

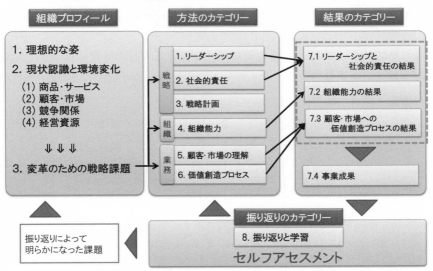

出所：日本経営品質賞委員会「2020年度版日本経営品質賞アセスメント基準書」（2020、13頁）

図表2-1-2　組織プロフィール

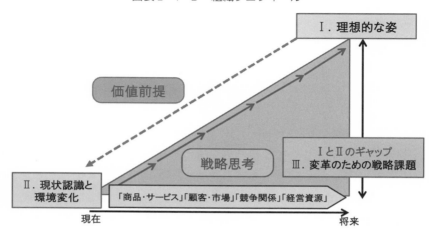

出所：日本経営品質賞委員会「2020年度版日本経営品質賞アセスメント基準書」（2020、13頁）

2 ┃ 組織プロフィール「Ⅰ.理想的な姿の明確化」

　はじめに経営革新によって実現したいと考える自社の「理想的な姿」（状態や経営目標）を明確にする。合わせてそれを目指すことに至った背景（創業からの歴史・変遷）や理由、想いについても整理する。

　ただし、組織によってはなかなか適切なアウトプットが出てこないことも予想される。その場合は、一旦、仮置きで作成し、「Ⅱ. 現状認識と環境変化の予測」に進み、現状分析を行った後に改めて「理想的な姿」を見直し、仕上げることをすすめる。

1 　組織の理想的な姿

経営トップが社員とともに目指したいと考える組織の理想的な姿を明確化す

る。具体的には、目指している状態（社員、顧客・市場、社会に提供したい価値）、実現度を確認する定量目標（指標、目標値）、達成時期（時間軸）の視点で整理する[1]。

2　理想的な姿を目指した背景

そのような状態をなぜ目指そうと考えたか、その背景を整理する[2]。

Point
・明快なビジョンが打ち出されていること。企業変革論の第一人者ジョン・コッター教授は、優れたビジョンの特徴について、①眼に見えやすい（将来がどのようになるかをはっきりとした姿で示している）②実現が待望される③実現可能である④方向を示す⑤柔軟である⑥コミュニケートしやすいと挙げているが、実務的にも有効なので参考にしたい[3]。

　例えば、本田技研工業の創業者である本田宗一郎氏の町工場の時代から掲げていた「世界一の二輪車メーカーになる」や、Amazon の「The Everything Store」（全てのものが買えるお店）などが挙げられる。
・独自性やストーリー性があり、組織のメンバーが目指したいと思える、共通認識が持てる姿であること。創業の想いや理念・使命などから導かれるケースが多い。
・顧客、社会にとって価値ある姿、目標であること。
・ゴール設定や到達イメージが明確であること（時間軸や達成水準、道筋など）。

　世界的な組織心理学者カール・ワイクのセンスメイキング（理論）は、「危機的な状況（予測しなかった事態)」、「アイデンティティへの脅威（自社の強みや進むべき方向を見失う)」、「意図的な変化（戦略転換など行ったことのない意思決定)」などの状況下で、組織のメンバー（やステークホルダー）に現

状はどうなっているのか、自分たちは何をすべきか、大きな方向性を示し「意味づけ」を行い、「納得（腹落ち）」させることで組織を一体化し、課題解決、目標達成に導くことを示唆している[4]。ソフトバンクの孫正義氏や、ファーストリテイリングの柳井正氏など頭に浮かぶが卓越した経営者は、魅力的で明快なビジョン・コンセプトを掲げ、そのストーリーを語り、センスメイクさせ、組織一体化のもと絶え間なく経営を変革し続けている。

3 ｜ 組織プロフィール「Ⅱ.現状認識と環境変化の予測」

　ここでは、「商品・サービス」「顧客・市場」「競争関係」「経営資源」の4つの視点で現状の整理を行い、それぞれについて今後の環境変化の予測と課題の認識を明らかにする。「市場（customer）」「競合（competitor）」「自社（company）」の頭文字を取った3C分析を一度は耳にしたことがあると思うが、このプログラムは顧客価値経営を目指すため、「市場（customer）」について、「商品・サービス」、「顧客・市場」の2つの切り口で、より掘り下げて整理・分析を行う特長がある。また、4つの視点で今後の環境変化の予測を検討・整理していくが、その前にPEST分析で、政治・経済・社会・技術について自社の経営に関わるマクロ環境の動向や変化と、それに伴う影響について整理しておくとスムーズに環境変化の予測と課題の認識をアウトプットすることができる。

1 商品・サービス

(1)顧客・市場に提供している商品・サービスを整理する。具体的には、商品・サービスの内容とその提供価値や、顧客価値創造のプロセス、ビジネスモデル・収益モデル等の視点で整理する[5]。

(2)商品・サービスに大きな影響を与える今後の環境変化の予測と、それに伴っ

て認識している課題について整理する[6]。

Point

・提供価値については、"誰に何をどのように" = "どんな顧客にどのような価値をどういったプロセスで提供するか" という視点で明確化する。実際の現場で、提供価値が会社として明確化されていない、あるいは全社的に周知されていないケースが散見される。その場合、戦略的に価値を創造していくことや、価値提供能力を磨き上げていくことが困難になる。

・顧客価値を創造するプロセスは、模式図やフローチャートで見える化することで、社内やステークホルダーの周知、理解を効果的に行うことができる。

・財務結果につながる収益性向上の視点で、ビジネスモデル、収益モデルを考察する。独自のものの見方・考え方のもとでプロセス化、マネタイズできていると良い。

2 顧客・市場

(1)ターゲットとしている顧客・市場を明確にする。具体的には、顧客・市場の特徴（規模、成長性、構造、特徴的な要因など）や、顧客・市場のニーズ、ターゲットを特徴やニーズの違いにより区分している場合には区分ごとのニーズの違いや提供価値の内容の違い等を踏まえて整理する[7]。

(2)顧客・市場の今後の環境変化の予測と、それに伴って認識している課題について整理する[8]。

Point

・自社の "お客様は誰か" について、現在の主要な顧客への販売実績などの過去の延長線ではなく、「理想的な姿」や今後のビジネス環境の変化を踏まえ戦略思考で改めて考えてみる。シンプルな問いかけであるが、ともすればこ

れまであまり深く考えてこなかった場合もあり、このプログラムの取り組み
を通じて良い気づき、見つめ直すことにつながったという声はよく耳にす
る。
・顧客のニーズについて、業界の常識や経験則でなく、顧客の声の収集・分析
やインサイトなどを通じて明確化する。

図表2-1-3　顧客区分別ニーズ等整理フォーマット例

顧客区分	特徴・ニーズ	提供している 商品・サービス	提供価値
顧客群A			
顧客群B			

3　競争関係

(1)競合相手と認識している組織について明確にする。具体的には、主要な競合
　組織とそれぞれの強み・それを生み出すプロセスの特長や、自組織を含めた
　市場での位置づけ（シェア、順位など）の視点で整理する[9]。
(2)競争関係の今後の環境変化の予測と、それに伴って認識している課題につい
　て整理する[10]。

Point

・競争環境について、意識があまりない、あるいは狙いをもった情報収集がな
　されていないなどで競合の認識が乏しい、設定が行われていないことが散見
　される。独占市場ではない限り競合は存在すると考えて顧客視点で検討のう
　え整理する。
・競合組織の強み（・弱み）とそのプロセスの特長まで落とし込んで比較、分
　析を行う。現場の肌感として中堅・中小企業において、これまで戦略的にこ
　のような視点で整理、情報の収集を行ったことがない、あるいは定期的に

行っていない組織がまだまだ多いように感じる。
・競争環境の分析を行い、これまでの戦略の選択にズレがないか、違いを生み
　出せているか、持続的な競争優位性を確保できているかなど考察する。

図表2-1-4　競合分析フォーマット例

競合名	強み	強みを生み出す プロセスの特長	当社の優位性
競合A			
競合B			

4　経営資源

(1)顧客価値を高め、競争力の源泉となっている知的資産を明確にする。具体的
　には、知的資産の内容や、それを組織に蓄積する方法、どのように顧客価値
　や競争力と結びついているか等の視点で整理する[11]。
(2)主要な施設・設備・装置や財務活動などについて整理にする。具体的には、
　その内容やどのように顧客価値や競争力と結びついているかの視点で整理す
　る[12]。
(3)主要なビジネスパートナーについて整理する。具体的には、ビジネスパート
　ナーの種類・区分や、種類・区分ごとの主なビジネスパートナーとそれぞれ
　の特徴、そのビジネスパートナーがどのように顧客価値や競争力と結びつい
　ているか等の視点で整理する[13]。
(4)経営資源に大きな影響を与える今後の環境変化の予測と、それに伴って認識
　している課題について整理する[14]。

Point

・自社の強みは何なのか、どういった経営資源がどのように顧客価値の創造や
　競争力の源泉につながっているか、業界内や競合との比較で強みと言える水

準かどうか等の視点で整理、明確化していく。

・業界内での同質化競争に陥り、競争優位性の確保に至っておらず、強みのアウトプットに苦慮するケースも散見される。その場合は、今後どういった強み、模倣困難性を創り出す必要があるか検討、抽出を行い、「Ⅲ．変革のための戦略課題」に反映させる。

・不確実性が高く、変化が早く激しいビジネス環境のもと、適時に様々な経営資源を組み合わせ対応できる組織の能力、ケイパビリティの観点からも整理、考察を行う。

・知的資産について、このプログラムでは技術、ノウハウ、ブランド、企業イメージ、企業風土（社員の意識、思考・対話力、行動力）といった組織・人材に蓄積されている資産を想定している[15]。

図表2-1-5　知的資産の整理フォーマット例

知的資産名	知的資産の内容・蓄積方法	提供価値との結びつき・競争優位性（模倣困難性）
知的資産名1		
知的資産名2		

4 ｜ 組織プロフィール「Ⅲ.変革のための戦略課題」

「Ⅱ．現状認識と環境変化の予測」の整理・分析から、「Ⅰ．理想的な姿」とのギャップを鑑みて「変革のための戦略課題」を明確にする。

（1）「Ⅱ．現状認識と環境変化」を踏まえ、「Ⅰ．理想的な姿」の実現に向けて、どのように組織を変革していくか明確にする。具体的には、組織を変革するために重点的に取り組む戦略課題、戦略課題の達成目標・達成時期を明らかにする[16]。

Point

・「商品・サービス」「顧客・市場」「競争関係」「経営資源」の４つの視点で現状や将来予測と課題を明らかにしてきたので、それぞれで挙げた課題の整理・集約を行い、理想的な姿を実現するストーリーと照らし合わせて、戦略課題を絞り込む。企業に課題はつきもので数えあげればキリがないということ、また優先順位の低い課題に取り組んでも成果は乏しいということを念頭に、工数や難易度、期待効果などを考慮のうえ選定する。

・いつからどうやって進めていけばいいのかという質問を受けることがあるが、実務的には戦略課題を３〜５つで設定し、年度の経営計画の策定のタイミングで反映させ、全社計画から部門・個人計画へ展開していくとスムーズに進み、かつ実効性を高めることができる（図表２-１-６〜８参照）。また中期経営計画の策定のタイミングで「組織プロフィール」を活用、整理を行い、これまでの経営管理サイクルに反映させるやり方も有効性が高い。

・ジョン・コッター教授は、多くの企業が変革に失敗している点に着目し、変革のための８段階のプロセスをまとめているので参考にしたい[17]。実務的な視点からも、いずれかの段階で詰まりや不具合が発生し変革が進まないことが少なくないと考える。

①危機意識を高める

②変革を推進できるチームを立ち上げる

③ビジョンと戦略を打ち出す

④ビジョンを伝達・浸透させる

⑤ビジョン実現のための環境を整備する

⑥短期成果の実現とアピール

⑦成果を活かして更なる変革を推進する

⑧新しいアプローチ・方法を企業文化に定着させる

図表 2 - 1 - 6　今後の変化予測・認識している課題　整理フォーマット例

	今後の変化予測	認識している課題
商品・サービス		
顧客・市場		
競争関係		
経営資源		

図表 2 - 1 - 7　戦略課題整理フォーマット例

	重点的に取り組む 戦略課題	達成目標	達成時期
1			
理由			
2			
理由			
3			
理由			

図表 2 - 1 - 8　経営計画への展開フォーマット例

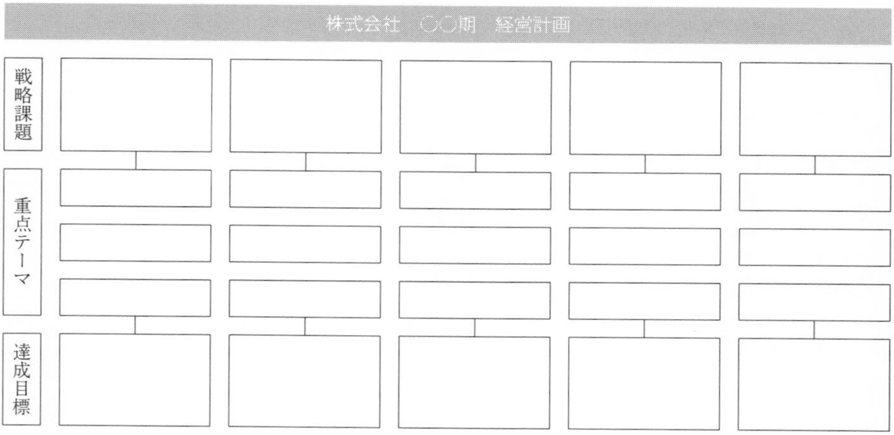

5 ｜　外部評価の紹介・活用

　これまで、「組織プロフィール」を活用した経営革新の進め方の概要について説明をしてきたが、基本的には組織内で整理・策定を行うため、ものの見方・考え方が同質的で客観性に不安が残るなど妥当性に自信が持てないということがある。また、外部（専門家）の意見を聞きたい、確認したうえでブラッシュアップを図りたいということも考えられる。そこで、ここでは「組織プロフィール」のフレームを活用した外部機関の評価・認証などの仕組みについて紹介する。

1　経営デザイン認証

　日本生産性本部の経営品質協議会が「経営デザインによる生産性向上プログラム」の一環として2018年に創設された制度。「経営デザイン」を「これからの経営設計図」とし、所定のフォーマットに記述を行い、外部専門家の評価、フィードバックなどを経て認証を受けることができる。スタートアップ認証、ランクアップ認証の2段階になっている。

2　関西経営品質賞ベーシック認証

　関西生産性本部の創立65周年記念事業の一環として、関西経営品質協議会が2021年度より新たに創設した外部評価の制度。関西経営品質賞がミッションとして掲げる「"良い経営"を通じて関西から世界に通用する企業・組織を輩出する」ことの更なる推進、また2025年に開催される「大阪・関西万博」に向けたイノベーションの促進を目的としている。外部専門家の審査を経てフィードバック、認証が受けられる。

　その他、各地方の経営品質協議会においても同様の外部評価が行われている。こういった外部評価の活用を通じて期待できる効果としては、①経営革新（付加価値・生産性向上）のきっかけづくり・推進、②経営・事業の継承（属人経営から組織経営への進化）、③外部専門家との対話を通じて経営革新のヒント・アイデアが得られること、④活動が評価されるため社会的な信用アップや社員のモチベーションアップなどが挙げられる。

［注］

1　日本経営品質賞委員会「2020年度版日本経営品質賞アセスメント基準書」（2020、16頁）

2　同上

3　ジョン・P・コッター　梅津祐良訳「企業変革力」（2002、415・122頁）

4　入山章栄「世界標準の経営」ダイヤモンド社（2020、421・422頁）

5　日本経営品質賞委員会「2020年度版日本経営品質賞アセスメント基準書」（2020、16〜19頁）

6　同上

7　日本経営品質賞委員会「2020年度版日本経営品質賞アセスメント基準書」（2020、16〜19頁）

8　同上

9　日本経営品質賞委員会「2020年度版日本経営品質賞アセスメント基準書」（2020、16〜19頁）

10　同上

11　日本経営品質賞委員会「2020年度版日本経営品質賞アセスメント基準書」（2020、16〜19頁）

12〜14　同上

15　日本経営品質賞委員会「2020年度版日本経営品質賞アセスメント基準書」（2020、16〜19頁）

16　同上

17　ジョン・P・コッター　梅津祐良訳「企業変革力」（2002、415・45頁）

② ビジネスモデル革新（事業創造）による生産性向上

井上　達彦

早稲田大学　商学学術院教授

1 ｜ 事業創造のはじめに

　事業創造を解説する前に、伝えたいことが1つある。それは、ビジネスモデルに限らず「型」というものを意識し、そこで得られる発想が、生産管理や人事管理、経営企画・戦略にも役に立つようなかたちと思って、以降について参考にしていただきたい。

まず初めに、次の事柄に対して、どのような考えを持つでしょうか。

「今後6カ月以内に自分が住む地域に起業に有利なチャンスがあると思いますか」「ビジネスをつくる、何かチャンスがあると思いますか」「それが、身近にありますか」

　アメリカのバブソン大学やイギリスのロンドン・ビジネススクール等が合同で行っているグローバル・アントレプレナーシップ・モニター調査というアンケート調査によれば、この質問に対し、「はい」と答えられた人は、日本ではわずか8.09％しかいない。アメリカでは69.83％、ヨーロッパや中国では3割、4割と高い水準で推移している。

　では、なぜ日本ではこんなに「チャンスがない」と考えてしまうのか。それは結局のところ、「このような低い水準に慣れてしまっている」「ボーッとしていてはなかなかチャンスに出会うことはない」ということになる。これはイノ

ベーション研究のトップランナーである早稲田大学の清水洋先生が、『野生化するイノベーション』という書籍で述べていることでもある。

　また、「ビジネスアイデアがないからチャンスがない」という思考に陥らないことも大切になる。チャンスがあるからアイデアも思いつくということもあると思うが、私たちは常にアイデアを探さないと、チャンスがあるなんて思うことはなく、毎日、ビジネスアイデアを能動的に積極的に探すことが大切となってくる。与えられた仕事をこなしているだけでは、チャンスを認識することは難しく、アイデアとチャンスというのは、行為の表裏一体の関係で、アイデアを探してアイデアをあると思えば、チャンスがあると思え、その逆も可能となる。

　では、このアイデア発想について、「分析はきっちりやるけれども、日本人っていうのはアイデア発想は苦手」、「教育でも受けていないですよね」ということを聞くことがある。「得意なアイデア発想法はなんですか」と聞かれたときに、「私は逆転の発想が得意です」、「私はアナロジーが得意です」、「私は組み合わせるのが得意です」等、はっきりと答えられるでしょうか。分析が得意な方はよく聞くが、発想というのは、体系的に習ったことがなく、広告代理店等に勤務する人以外は「私はアイデアマンではありません。」という反応が起こりやすくなる。

　ですが、今のイノベーション教育では「アイデア発想というのは技術」とも言われている。起業家をたくさん育成している、株式会社ビジネスバンクグループ 代表浜口隆則氏も、「アイデア発想というのは技術であり、逆上がりと一緒で、器用、不器用があって、すぐに何にもしなくてもできる人もいれば、そうでない人もいて、ちょっと教えるだけでできるっていうような人もいる」と例えている。それをふまえるとその技術を学びませんかという考え方になってくる。

図表2-2-1　ビジネスチャンスの認識の国際比較

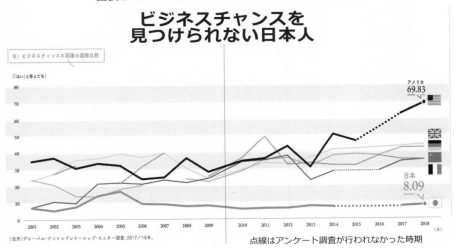

出所：井上達彦（2019）『ゼロからつくるビジネスモデル』東洋経済新報社、20-21頁

2 ｜ 事業創造のサイクル

　「事業創造はアートかサイエンスか。」という質問をされたとき、どのように答えるでしょうか。これは調べてみると、両方のスタイルがあり得るということになる。例えば経営者で考えると、アーティストの発言パターンとサイエンティストの発言パターンと比べたら、サイエンス型の経営者がいれば、アート型の経営者もいるというかたちで分かれ、なかには両方を使いこなしている経営者もいた。尚、一般的には創業系の経営者がアート肌で、2代、3代と続いてちゃんと勤め上げて経営者になられた人は、サイエンス型が多いことが分かっている。

　いずれにしても、どちらの側面もあり、どちらの側面も重要となります。では、事業創造をサイエンスとアートと分けるものは何なのでしょうか。抽象化して考えると、サイエンスは論理の世界、アートは発想・思考の世界だと言うことができます。学術的に論理の世界というのは slow think といって、ゆっくり考える、ロジカルに考えるということになります。それに対してアート、直観、発想というのは fast think、速く考える、直観で考えるというような意味合いを含んだりします。

　専門職で考えた場合、サイエンスとアートだけではなく、ほかにも、クリエイティブなことによって効率を、生産性を上げるというときに大切となり、エンジニアリングやデザインというものが出てくる。エンジニアリングは、生産性に欠かせないものであり、デザインは、デザイナーからコンサルタントとして経営について助言を得たり、最近では「デザイン思考」が注目されていたりする。

　ここでもう一つ考えたいのは、図表 2-2-2 に描かれているサイエンスとアートを示している上半分と下半分を区別する軸に注目していただきたい。サイエンス、アートに共通するものは何か、エンジニアリングとデザインに共通するものは何かを考えると、下の部分は「具体」、上の部分は「抽象」といったかたちで、分けることが可能となる。つまり、サイエンスとアートは抽象の世界で勝負し、エンジニアリングとデザインは、具体的な世界に落とし込んで勝負していると考えることができる。

　また、図表 2-2-2 に描かれている「軸」の部分も大切になる。例えば、皆さんが生産性を向上させることを考える上で、クリエイティビティという要素が必要となる。そのクリエイティビティは、図表 2-2-2 に描かれているこの「具体」と「抽象」という軸と、「論理」と「思考」というこの軸が大切となるのである。

図表2-2-2　ビジネスモデルの創造サイクル

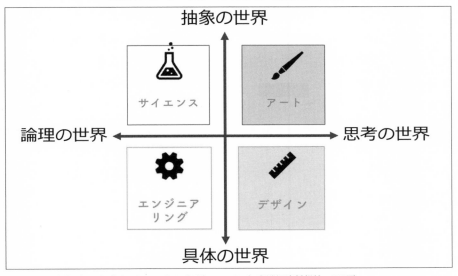

出所：井上達彦（2019）『ゼロからつくるビジネスモデル』東洋経済新報社、105頁

　「具体」と「抽象」という軸については、一橋ビジネススクール教授楠木建先生も、具体と抽象の往復運動に着目し、「具体の地平の上をひたすら横滑りしているだけの人からは、結局のところ平凡な発想しか生まれない。『この人はデキルな』と感じさせる人は、決まって思考において具体と抽象の振れ幅が大きいものです」と仰っている。軸を大切にしている（デキルと感じる）人は、具体と抽象の往復運動において、すごく詳細な実務に根付いたピンポイントの話をしていると思えば、学術理論的、抽象的な話もするなど、このような振れ幅でどんどんインスピレーション、刺激的なアイデアを出している。これは事例と原理で考えると、個別のベンチマークをしている競合他社の具体的な事例と、「では、彼らが何故強いのか？」ということを原理原則として理解するという話にもつながる。

　「論理」と「思考」という軸については、元東京大学教授の野矢茂樹先生が

「いま求められている思考力は『発想力』でしょう。何か新しいものを生み出す力です。そして新しいものを生み出すということは飛躍するということです。他方、論理は飛躍を可能な限り小さくすることです。演繹は飛躍を一切許しません」と仰っている。この先生は、今のビジネスマンが求めている発想力というのは思考力のことであり、本来の発想力という意味であれば論理とは対極と仰っている。さらに、論理というのは演繹（えんえき）であり、例えば「ソクラテスは人間である。人間は必ず死ぬ。よってソクラテスも必ず死ぬ」というような、前提を置いたら絶対に成り立つような推論を導くものであり、遊びや創造性が入る隙間がなく、前提を置いたら、必ず論理的にその帰結が1つに決まる、論理の究極の姿であると仰っている。

図表2-2-3　具体と抽象・論理と思考

具体と抽象

「具体の地平の上をひたすら横滑りしているだけの人からは、結局のところ平凡な発想しか生まれません。『この人はデキルな』と感じさせる人は、決まって思考において具体と抽象の振れ幅が大きいものです」

楠木建 2012「解説 良い模倣、悪い模倣」（井上達彦『模倣の経営学』日経ビジネス人文庫所収）.

論理と思考

「いま求められている思考力は『発想力』でしょう。何か新しいものを生み出す力です。そして新しいものを生み出すということは飛躍するということです。他方、論理は飛躍を可能な限り小さくすることです。演繹は飛躍を一切許しません」

野矢茂樹 2016「はたして、論理は発想の敵なのか」『DIAMOND ハーバード・ビジネス・レビュー』第41巻第4号

楠木建2012「解説 良い模倣、悪い模倣」（井上達彦『模倣の経営学』日経ビジネス人文庫所収）。
野矢茂樹2016「はたして、論理は発想の敵なのか」『DIAMOND ハーバード・ビジネス・レビュー』第41巻第4号

　ビジネスにおいては「前提を置いてデータを明らかにして、そこからロジカルに結論を出しなさい」ということを、トレーニング、事業提案、生産改善等で進められることに当てはまります。中には、データが集められないあるいは、データを集めるのに大きなコストがかかってしまうものもありますが、その部分については、データを集めやすいところだけを集め、前提も確かなところだけを置く提案が考えられる。

　そこで、「もっとクリエイティブなアイデアを出してほしい」との意見をいただいた場合には、前提または仮設を考え直す、もしくは今まで集められなかったデータを集めなければならない。ビジネスにおいてあやふやなことで意思決定はできないが、そうでもしないと創造性は出てこないと、野矢先生は指摘されている。みんなが分かっているデータ、明らかな前提をもとに行った提案は、みんなが知っているものになるため、当たり前、月並みなものとなり、同じような結論が出るため、イノベーションは起きにくいということになる。

　そのため、意図的にイノベーションを起こす、生産性を上げる、大胆なことを考える場合は、発想をずらさなければならない。ここで図表2-2-4に描かれている「分析」「発想」「試作」「検証」のサイクルに注目したいと思う。

　まず「分析」ですが、これは、サイエンスが得意とし、一部上場もしくは有名企業も得意な分野といわれている。次に「発想」ですが、普段、制約を受けている中でも発想を飛ばすことが大切になる。今は発想を飛ばす段階だと割り切って、アートから倣って発想を飛ばす、または、前提を疑い、データになっていないところは仮説、仮定を置いて発想を飛ばしてみることが必要となる。

　次に「試作」ですが、これは早い段階で行う必要がある。発想を飛ばした場合どのような反応が起こるのか不安はあるが、早めに小さなプロトタイプをつくることが大切であり、ビジネスであれば、プロトタイプとして作ったものを、市場に直接問いかける、感触を関係者に確かめることを行う。これは企業で言う「リーンスタートアップ」、最近では「プルーフ・オブ・コンセプト」といって、抽象的なアイデアをみんながわかるように、且つ正確に伝わるよう

に、試作し、顧客の動きを観察し、本当に有効かを判断することが大切であり、このサイクルを小さく賢く回していくことが大切となる。

　最後に「検証」ですが、ここで役に立つのがエンジニアリングであり、具体的なものに落とし込み、いろいろなアイデア等がわかり出せば、それを検証することが大切となる。「分析」「発想」「試作」「検証」のサイクルと同じく、ここで図表 2 - 2 - 4 に描かれている「サイエンス」「アート」「デザイン」「エンジニアリング」のサイクルを回していくことも大切となる。ビジネスマンはサイエンスもしくはエンジニアリングに寄る傾向が強く、だからこそ、右のエキスパート（アートもしくはデザイン）の力を借りて、検証するために発想を飛ばす、または、試作して、検証して、駄目なものは直していくという、失敗するかもしれないポイントを織り込みながら、大きなサイクルを着実に回していくことが、今のイノベーションの手法となる。サイエンスばっかり集まってし

図表 2 - 2 - 4　「分析」「発想」「試作」「検証」のサイクル

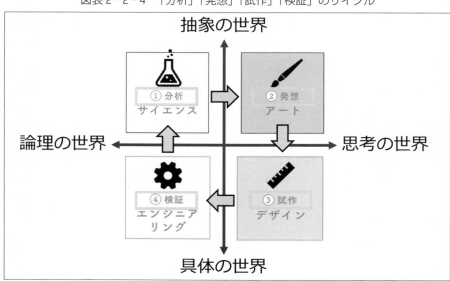

出所：井上達彦（2019）『ゼロからつくるビジネスモデル』東洋経済新報社、114頁

まうと、頭の中だけで考えてしまう。エンジニアリングは、検証は上手ですが大胆な発想等をかたちにするのが難しい。アート、デザインは、ものにならないようなものをどんどんつくってしまうということになり、この図表2−2−4に描かれているサイクルを回していくことが基本となり、加えて、さらに技術を学ぶことが大切となる。

3 ｜ 事業創造の技術をさらに学ぶ

　ビジネスにおいて適切な道具を選ぶというのは、そんなに簡単ではないかもしれない。日本ではジョブローテーションが取り入れられておりますが、専門性を学ばなければならない場合、事業創造、マーケティング、生産管理等それぞれの世界で適切な専門性の高い道具を選ぶことは難しくなる。

　では適切な道具を選ぶためにはどうすればよいのでしょうか。まず、前提として目的や状況に合わせることが大事になる。これを料理に例えますと、この図表2−2−5に描かれている料理を系統ごとにグループ分けする作業に似ている。これらの料理をグルーピングする際に、「和食もあれば、中華、洋食もある」「この料理は前菜」といった整理を行うことができる。

　これが、系統別に分ける基本となりますが、この図表2−2−5に描かれているものをグルーピングする場合、どのようにグルーピングを行うでしょうか。経営企画等に携わっている人は、すぐにできるかもしれないが、普通の人には難しいと思う。

　この図表2−2−5に描かれているものは、事業創造のためのフレームワークやツールとなる。これらをグルーピングする方法の1つとしては、前述した、「分析」「発想」「試作」というステージに枠組みを当てはめてグルーピングを行うことができます。人によってはフレームワークと言えばまとめて「分析」ととらえる人もいるが、「発想」にも「発想」のツールが存在するため、ひとくくりにしないことが大切となる。

図表2-2-5　系統ごとにグループ分けしてみよう

系統ごとにグループ分けしてみよう！

酢豚	ご飯とお吸い物	クラゲ
チャーハン	パン	ステーキ
ぶり照り焼き	前菜盛り合わせ	カルパッチョ

　また、このグルーピングについて、もう１つ方法を紹介する。それは、「戦略分析アプローチ」「顧客洞察のアプローチ」「パターン適合アプローチ」というものです。「戦略分析アプローチ」は論理的なもので、戦略コンサルタントの開発した、ボストンやマッキンゼーと呼ばれるものです。「顧客洞察のアプローチ」は思考（発想）を重視するものであり、デザイン思考やマーケティングの観察を行っている方のスタンフォードのアイディオ（IDEO）というような、デザインコンサルティングファームの手法をさしています。尚、「パターン適合アプローチ」は、最近のビジネスモデルであり、海外や異業種の仕組みをそのまま導入するものとなる。

　ここまで紹介したものについては、それぞれ特徴があり、一緒に使ってしまうとうまくいかないことがある。これはそれぞれの会社によって、戦略分析や顧客洞察といった自社の強みがどこにあるのかを把握しておく必要がある。ビジネスモデルづくりでは系統を無視した手順や道具選びが行われることがよくあるが、生まれた背景や目的が違えば世界観も違うため、つくりかたや道具も

図表 2 - 2 - 6　事業創造のためのフレームワークやツール

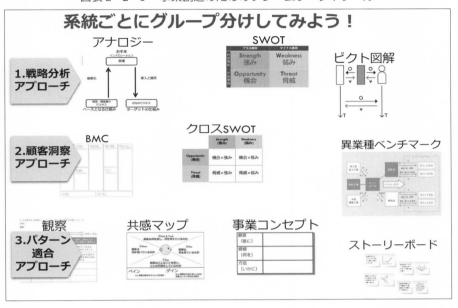

異なるということを理解し、フレームワークの使い分けが大切となる。

4 ｜ フレームワークの使い方

　フレームワークの使い分けを行うにあたり、まず理解しておかなければならないことは、フレームワークが生まれた背景や目的が違えば、世界観が違うため、どんな背景でどのようなことを大事にしているのか整理をすることが必要になる。系統ごとの手順と道具の使い方を知るということで、先ほども紹介した3つのアプローチがあり、ここではそれらのアプローチにおけるポイントをもう少し紹介する。

　まず、「戦略分析アプローチ」というのは、ファクトとかデータ、要するにロジカルシンキングとなる。ファクトとデータを重視し、論理的に積み上げる

形となるので、市場調査や客観的なデータが大事になる。ただし、新しい事業については、新市場、世の中にない製品、サービスをファクトでもって裏付けることはできないため、難しくなる。この点を補うものが次に紹介するものとなる。

　次に、「顧客洞察のアプローチ」とういのは、顧客やパートナーからヒントを得て洞察を得ようというものであり、徹底的な観察やインタビューが必要となる。顧客が分からない、言えない、言葉にならないようなニーズを引き出し、洞察する、そして、ストーリーと言葉、イメージを用いて提案をすることで、顧客から「これが欲しかった」ということを引き出すことが大切となる。「戦略分析アプローチ」というのは、エビデンスという証拠、数字とロジックが大事になるが、「顧客洞察のアプローチ」は共感が大事になる。「今、社会がこんなふうになっていて、だからこんなのを欲しがっている。」「そうなんだ

図表２-２-７　３つのアプローチ

	分析	発想	試作	検証
1.戦略分析アプローチ	SWOT 業界と資源の分析	クロス SWOT	事業コンセプト事業計画書	検討会議 テストマーケティング
2.顧客洞察アプローチ	インタビュー観察	顧客インサイト	VPM & BMC ストーリー	リーンスタートアップ
3.パターン適合アプローチ	海外・異業種先進事例分析	アナロジー	ピクト図解	リーンスタートアップ

出所：井上達彦（2019）『ゼロからつくるビジネスモデル』東洋経済新報社、390頁

よ、そんなのあったらいいな。」という共感を呼び込み、プロジェクトをスタートさせるという図をイメージしてください。

　最後は、「パターン適合アプローチ」である。「戦略分析アプローチ」は同業他社、自分の会社の同業、ライバルを見るものであり、「顧客洞察のアプローチ」は1人1人のお客さんを見るものとなるが、「パターン適合アプローチ」は、進んだ異業種、海外の先端事例を見て、それをベンチマークして自分の世界に持ってくるというものになり、関係と構造を重視し、ピクトグラムと矢印で示すものとなる。

図表2-2-8　3つのアプローチのポイント

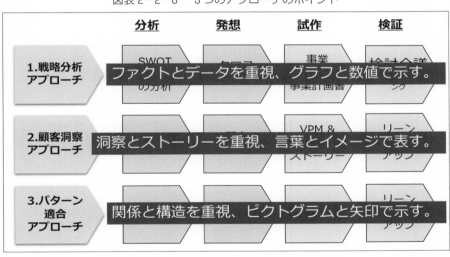

出所：井上達彦（2019）『ゼロからつくるビジネスモデル』東洋経済新報社、390頁

5 ｜ 戦略分析

　「戦略分析アプローチ」の流れは、分析→発想→試作→検証になる。まず「分析（ファクト）」について、有名なのは SWOT 分析（図表 2 - 2 - 9）である。ご自身の会社の強みと弱み、それから外部環境のプラス面、マイナス面を見るということで、表にリストし、プラス要因、マイナス要因をそれぞれ内部要因と外部要因、資源と外部環境ということで SWOT のリストにすることとなる。

　次の.「発想」では、クロス SWOT（図表 2 - 2 -10）を用いる。ファクトを掛け合わせて発想を飛ばすということ。チャンスがあるところに強みを掛け合わせようとか、興味のあるところを強みで乗り切るという論理的な発想の枠組みになる。

図表 2 - 2 - 9　SWOT 分析のフレーム

	プラス要因	マイナス要因
内部要因	Strength(強み)	Weakness(弱み)
外部要因	Opportunity(機会)	Threat(脅威)

参考：Business Policy: Text and Cases（Kenneth Andrews, 1965）

図表 2 - 2 -10　クロス SWOT とは

	Strength (強み)	Weakness (弱み)
Opportunity (機会)	機会×強み	機会×弱み
Threat (脅威)	脅威×強み	脅威×弱み

参考：The TOWS matrix: a tool for situational analysi（1982）

　そして、実際に試作、プロトタイピングをして、提案書・事業計画書を作る。それを会議等で検証するが、私としては、生産現場の生産ラインを使って仮検証をするとともに、顧客でどうやって検証していくか（適切な顧客にアプローチができているか等）という、実際のマーケットに近いことを行うことで、非常に良いサイクルを回すことができると考えている。

　次の「試作」では、最初に事業コンセプト（図表 2 - 2 -11）に落とし、それを事業計画に詰め、その計画書を見せることとなる。最終的にはそのプレゼンテーションにファクトとデータが並んでおり、数字とグラフで構成されているということになる。そして、最後の「検証」にて、検討会議やテストマーケティングが行われる。実は、この段階で、場合によっては、推論が甘く、論理的ではないとの意見をいただくことがある。ここで大切なことは、「チャンスというのは客観的につかめるんだ」と考え、論理の飛躍を行わないということである。このアプローチは、すでにある事業の改善型の製品は作りやすいが、

新しい市場や今までにない大胆な生産性を上げるようなものは生まれにくいという特徴があり、それを補うために残り2つ（「顧客洞察のアプローチ」と「パターン適合アプローチ」）のアプローチがある。

図表2-2-11　事業コンセプトで試作する

顧客 （誰に）	
価値 （何を）	
方法 （いかに）	

6 ｜ 顧客洞察

　ここでは「顧客洞察のアプローチ」に注目する。このアプローチは人間性や心理的なものを、インタビューや観察で拾い上げていくものになる。このアプローチを行う上で、使用できるものが、共感マップ（図表2-2-12）というものになる。

　これは、「お客さんがどんなことを言っているのか。」「会社のなかの管理職や評価される側はどう感じているか。」を洞察していくものになる。

　どんなことを言っているのか、どんな行動をしているのか、何を見ているのか、何を考えているのか、どんなことを聞いているのかというのを書き出し、ユーザーがどんなことに痛みを感じているのか、困りごとは何なんだろうか、ストレスは何なんだろうか、どんなことがあったらうれしいと思っているのかを書き出す。

図表2-2-12 共感マップ

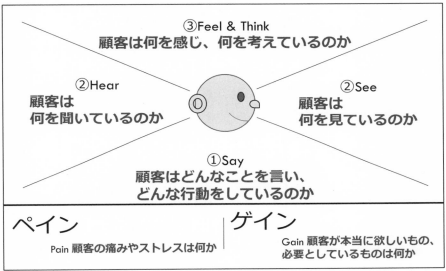

③Feel & Think
顧客は何を感じ、何を考えているのか

②Hear
顧客は
何を聞いているのか

②See
顧客は
何を見ているのか

①Say
顧客はどんなことを言い、
どんな行動をしているのか

ペイン
Pain 顧客の痛みやストレスは何か

ゲイン
Gain 顧客が本当に欲しいもの、
必要としているものは何か

XPLANE『Empathy Map Worksheet』　　　　　　　　　　　　XPLANE社より引用
〈https://xplane.com/worksheets/empathy-map-worksheet/〉

　また、この共感マップにおいて、「ペイン」と「ゲイン」は大事な項目となる。例えば、新商品・サービスにおいて、30歳男性、子どもが3人いて、2人が私立大学に行っているといった顧客プロフィール（ペルソナ）を具体的にする。次に、「どんなことにメリットを感じて、どんなことに困りごとを感じているのか」というのを書き出し、どうやったらゲイン、つまり恩恵を創造して喜ばせてあげられるのか、どうやってペイン、痛みを和らげて喜ばせてあげることができるのかを考える。そして、この人のジョブ、こなさなきゃならない仕事、取り組まなきゃいけない仕事って何かを考える。それに対して製品、サービスを提供して仕事を、「困りごと等を解消する」というような対話関係を作る。ここまでの流れはこの図表2-2-12の左側を描いていくイメージである。

　それが分かれば、今度は事業コンセプトやビジネスモデルを書く段階とな
る。また、ゲインやペインを和らげるものとして、「バリュー・プロポジショ
ンキャンバス」（図表2‐2‐13）という価値提案を行うものがある。これは、
どんなお客さんにどんなものを提供するのか、そのためにどんな技術を使うの
か、そのために活動は何か、パートナーは誰か、チャネルはどうするのか、関
係性はどうするのか、どういうふうにマネタイズするのか、どんなコスト構造
かっていうのまで、1つの事業をデザインしていくというようなものとなる。
行動観察やインタビューを行うことで、この事業コンセプトができれば、ビジ
ネスモデル詰めれば、チェーンストア・オペレーションやバリュー・プロポジ
ションも決まっていく。

　顧客から何を洞察したか、そしてどのようなストーリーで聞いてもらい「筋
がいい提案だね」と思っていただき、そして「これはいけるんじゃないの」と
いう緩やかな推論で受け入れてもらうという、共感が大事になる。そして、そ
の共感を得るためのツールとして、ストーリーテリングといった言葉が大切に

図表2‐2‐13　バリュープロポジション・キャンバス

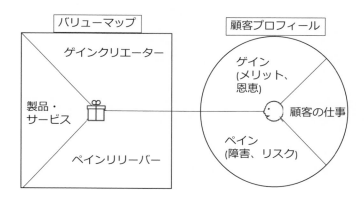

Lewandowski, M. (2016). Designing the business models for circular economy—Towards the conceptual framework. *Sustainability*, 8（1）, 43.

なってくる。数字ではなく、今までにないようなニーズを言葉で伝え共感を得るものが、この「顧客洞察のアプローチ」となる。

7 ｜ パターン適合

　最後は、「パターン適合アプローチ」である。私はこれを「遠い世界からの模倣」と呼んでいる。これを説明するうえで、よく出す事例が、JR西日本の新幹線500系である。実はこの超流線形につきましては、カワセミがモデルとなっている。当時、開発に際し、チーフエンジニア、シニアの人が生物を勉強していた若い人に「何か生き物で抵抗が高いところと低いところを行き来するような生物っていないもんかね」と聞いたところ、カワセミと答えられたそうである。流線形のかたちは、コンピュータ・シミュレーションとか当時の技術では難しく、ある種遠い世界から桁違いの発想を持ってきて、それを図面化して、シミュレーション組んで、風洞実験して初めて、想像以上の今までに達することができないような風力を得られたそうである。

　この例から、イノベーションによる生産性の向上、ある種の革新というのは、遠い世界から持ってこないとドンッと上がらないという仮説を私は持っている。ビジネスモデルでも、「今の方法が駄目」であれば、「じゃあ、アメリカの、中国のある先進的なものをこっちに持ってこう」という考えと同じで、それでイノベーションを起こしてきたような企業も多数存在する。

　これらは、アイデアの種、最初の幹、根っこから生えてくる幹のところが模倣で生まれており、模倣によってイノベーションが生まれていることから、ビジネスモデルのパターンをうまく持ってきた事例と言える。

　模倣によるイノベーションを考える上で、オハイオ州立大学のオーデッド・シェンカー教授は、「コピーキャット」という、イノベーションの概念を提唱されている。またこの教授は、「イミテーションによってイノベーションを起こそう」、「模倣によってイノベーションが起きる」という考え方の第一人者で

図表2-2-14　イノベーションを起こした代表企業

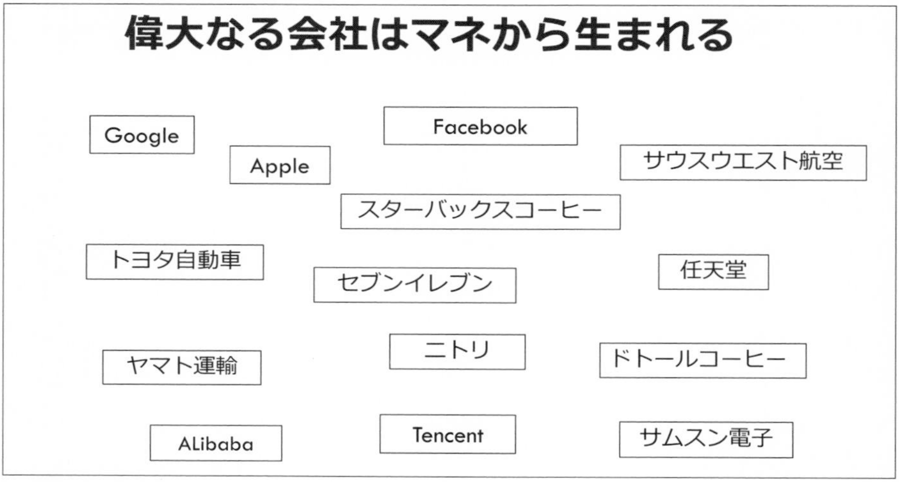

偉大なる会社はマネから生まれる

Google

Facebook

Apple

サウスウエスト航空

スターバックスコーヒー

トヨタ自動車

セブンイレブン

任天堂

ヤマト運輸

ニトリ

ドトールコーヒー

ALibaba

Tencent

サムスン電子

井上達彦『模倣の経営学』日経 BP 参照

あり、「すぐに頭に思い浮かぶものを集めず、自分のテリトリー以外のところに目を向け、地理的にも視野を広げること。小さくて目立たない企業だけでなく、失敗した企業を探すこと。そして、最近の出来事よりも過去の出来事から学ぶようにすること。」と言っている。

　また、私はイノベーションを考える上で、条件は2つあると考えている。その1つ目の条件が「新結合」である。これは何もないところから、生み出すのではなく、すでに有るものと、すでに有るもの同士を新しい形で結びつけることを指す。

　2つ目の条件は、新しく結びつけたものが社会的に経済的に、お金を払っても欲しいという価値を生み出すことである。例えば、この料理とこの料理を組み合わせて、新しい料理を生み出し、それを食べにお客様がお金を払うという形に似ており、ビジネスではこのような組み合わせと考えを、新事業、製品、生産現場、人事等どの方面で実施するのかという考え方になる。

　このイノベーションを考える2つの条件に関連し、飲食業界で有名なサイゼリヤの正垣泰彦 氏は「紳士服チェーンや百円ショップなど、気になったところは何でも見に行きます。料理と違って、経営の仕組みはどの業界からも学べます。むしろ、飲食とは全く異なる業界のほうが、固定観念を持たずに見られる分、ヒントを見つけやすい。」という。経営の仕組みというものは、どの業界からでも学ぶことができ、異業種の方が固定概念を持たず、面白い仕組みはみつけやすいとの考えを持っているのである。自分たちに近い業種だと細かい部分まで見てしまって、構造部分が見えにくくなりますが、異業種であれば、肝心なところのみピックアップされるため、構造は洗い出しやすいということである。

　このようにして、生まれたビジネスの代表例が「楽天市場」（図表2-2-15）や「アラビントアイケア」（図表2-2-16）となる。また、このようなビジネスが生まれるポイントとしては、うわべの見えるところばかり注目せず、仕組みを模倣することが大事となる。（図表2-2-17）の通り、氷山があって、ビジネスでは、上が製品、サービス、差別化された価値であり、それを支える下の部分が、経営資源、リソース、オペレーションという仕組みの部分となります。

　見えるところすなわち表層ではなく、見えないオペレーションである深層を見ることが大切となります。いい模倣（パターン適合）というのは、見えにくいところを見ることが肝要となります。

図表 2 - 2 -15　現代の楽市楽座の楽天市場

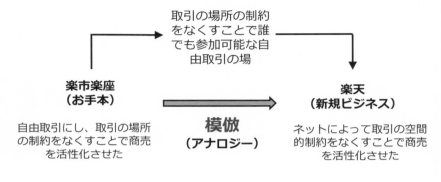

図表 2 - 2 -16　アイケアのマクドナルド

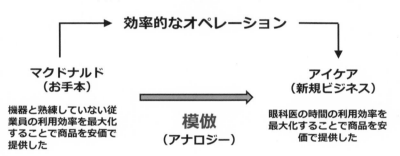

図表２-２-17　ビジネスモデルが生まれるポイント

表層　製品・サービス

深層　表層の価値を
支える見えに
くい仕組み

ビジネスモデル

画像：Shutterstock購入

遠い世界からの模倣を行うために深層に着目する

8 ｜ 構造を見抜くためには

　構造を見抜くために大切なこととして、一橋大学大学院楠木建教授は「良い
模倣が垂直的な動きであるのに対して、悪い模倣は水平的な横滑り」と考えて
おられる。本質や構造のみに焦点を当てることが、人事制度や生産管理でもい
えるビジネスモデルや仕組みの模倣となる。（図表２-２-18）

　いったん参考になるようなものがあれば、それを抽象化して、関係性、構造
を読み解く、または、インスピレーション（アイデア）を膨らませて、導入や
修正を行うことを実行することがイノベーションを起こすことであり、アメリ
カ、日本、中国、韓国の企業はそれを実行してきました。イノベーションの代
表例としてニトリの似鳥昭雄氏は「物事はすべて立体で、四次元で表さないと
本質というのはわからない。一枚の絵を見たときに、その絵の奥行きはもちろ
ん、その世界の空気や温度や時代背景までも観察する。」という多面的に観察

図表 2-2-18　良い模倣（垂直的な模倣）

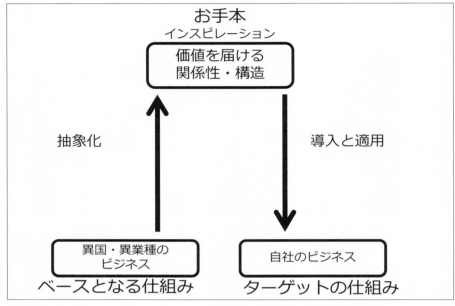

出所：井上達彦（2019）『ゼロからつくるビジネスモデル』東洋経済新報社、130頁

するという考えを持っておられる。

　これは言葉よりも、関係性を抽象化させるものであり、自分のところに落とし込みをして、様々な福田氏で言葉を補足してく、枝葉方式となります。コンセプトは別にして、その幹や枝といった構造を抽出し、それを落とし込むこと作業に箱と矢印が有効であり、パターン的アプローチにおいてはダイヤグラムなどが使用され、ビジネスモデルを設計される方については、役立つものとなります。

9 ┃ 最後に

　戦略分析アプローチはファクトとデータ、論理性。それに対して、顧客洞察

は言葉とストーリー。それに対してパターン適合というのが、ダイアグラムとか関係性となっている。どのような方法で、生産性を高めるようなアイデアを発想して、どういうふうに提案をするかを考えた時には、ビジネスモデルもそんなに変わらない。基本が分かっていれば組み合わせるといったことも手段の1つとなる。模倣についても、クリエイティブなアイデア、生産性を桁違いに改善させたような事例というものは、異業種とか遠い世界からの模倣から生まれており、同業他社や近いところではない、遠いところや意外なところから持ち込む「模倣のパラドックス」によって桁違いの革新的な生産性向上をしていただければと思う。

3 戦略的企業間連携 M&A の推進による生産性向上

越谷　重友

公益財団法人日本生産性本部　参与　経営コンサルタント

1 | 戦略的企業間連携の実際

1 戦略的企業間連携 M&A の活発化の背景

　企業にとって、近年事業発展戦略構築上、企業価値の向上を重視する考え方が浸透し、その対策として、生産性向上による企業の存続と発展のための経営戦略が見直されている。

　一方、中堅・中小企業においては、後継者難から「事業承継」が喫緊の課題となり、その解決策としても「M&A・経営統合」が重用されている。

　近年の M&A には、大企業の国際化、新興国への生産販売拠点の海外移転、パートナー企業の再編、商品戦略の再構築、部品の内製化、大企業同士の連携など多岐に亘っているが、その際、市場環境激変の影響を最も大きく受けるのが中堅・中小企業である。

2 経営戦略としての M&A

　企業に係る「ステークホルダー対策」との関連で、「敵対的買収と防衛のあり方」、「三角合併の解禁」を契機とした企業価値創造への関心の強まりが顕著

となっている。このように、M&A が日常化の様相を呈してきており、M&A を「企業価値の向上や生産性向上に向けた持続的競争優位性を確立する経営戦略の一環」としての考慮が不可欠となっている。また、企業が成長発展の実現を図るためには、設備投資、技術開発、事業展開領域の拡大、人材の確保が必須であり、これらの経営課題解決方策として、M&A が重要な経営戦略として評価されている。M&A の最終目的は、「生産性向上による企業の存続と発展のための経営戦略」である。

3　M&A の目的

　M&A の目的は、大きく以下の 4 つとなる。

1）多角化（業様拡大）

　企業が新事業分野に進出する場合、当該事業展開分野にある企業を M&A により取得し進出を果す。「新技術やノウハウ・人材育成・新市場の獲得」など、経営基盤強化と競争力向上のために、「時間を金で買う M&A 戦略」を採るケースが増加している。パターンは、以下の 3 つである。第 1 は、「川上・川下分野への垂直型進出」であり、本業の経営基盤強化と競争力の向上が狙いである。第 2 は、「関連分野への進出」であり、本業との関連分野への進出により「シナジー効果を追求」する。第 3 は、「異業種分野への進出」であり、経営の多角化を図るために、「本業と異なる分野の企業を買収」するパターンである。

2）同業者間での優位性の獲得

　「本業での競争力強化を目的とした M&A」であり、以下の 2 つのパターンがる。第 1 は、「商圏内でのシェアアップ」であり、「競争対抗上地元同士での合併」、「品揃え対応力の強化」により同業他社との競争力の向上を狙うケース

である。第 2 は、「商圏拡大」であり、既存商圏での「更なる収益確保とシェア拡大」を図るため、「他商圏への進出が不可欠な場合の対策」となる。

3）経営基盤の強化

「業務提携やグループ企業として資本の出資関係を強化し、一つの企業として結合」する場合であり、以下の 3 つのパターンがある。第 1 は、「投資余力を創出することによる経営基盤の強化」であり、第 2 は、「株式公開に向けての準備を意図したもの」であり、「資金調達の有利性・ブランド力の強化と有能な人材の確保」である。第 3 は、「技術・ノウハウ取得を意図した人材の確保」によるものである。

4）売却側の事情

収益確保の低迷・世代交替期直面など、「売却側の事情に深刻なケース」であり、2 つのケースが考えられる。1 つは、「事業承継問題」であり、「後継者不在・資産面・金融機関の信用面」で社員による後継が困難な場合である。もう 1 つは、「経営不振」による場合であり、「産業構造の変化・過大な有利子負債・連鎖倒産の危機」に直面した場合である。

2 ｜ M&A の実際

1 M&A による統合とその成功ポイント

M&A による統合とその成功ポイントは、図表 2-3-1 のとおりである。

図表 2-3-1：当該相手先企業（事業）の支配権を取得する際の成功ポイント

成功ポイント	着眼内容
再編・統合目的の明確化	・企業間の再編・統合に対する必然性が十分認識されていること。「経営基盤の強化と持続的競争優位性の確立」がキーワード。
相手の必然性	・双方にとって相乗効果が期待できる「パートナー選びと互恵平等の精神」が基本。 ・必然性内容としては、地域的な競争回避・経営資源の補完・充実が主流。
経営主体の確立	・トップマネジメント体制・出資構成から、経営的な支配権やリーダーシップの確立と経営的な統一性が図れること。
組織体制の合理化	・人員の過剰感が発生するが、「機能発揮主体の適正人員配置と集権的な体制の確立」が図れること。
生産技術・営業政策の補完強化	・生産技術の集約による生産拠点の統廃合、販売チャネル構成のバランス化と営業活動の効率化による機能強化及びコスト削減による生産性の向上が図れること。

② M&A 対象先の情報収集

　M&A 対象先の情報収集については、以下の 2 つの場合がある。

1）専門の仲介機関によらない場合

　中堅・中小企業同士の M&A の場合、大企業よりは事業の分っている同レベル企業の方が従業員にとっても働き易く、専門機関を通さない場合の方が多い。方法は 2 つあり、1 つは、「経営者同士の交流」であり、経営権の全体を掌握している者同士で行う場合であり、経営者個人への信頼も大である。もう 1 つは、「取引先からの依頼」であり、直接・間接的に多く見られる。

2）専門の仲介機関による場合

　専門の仲介機関には、情報量が多く選択の幅が広い「銀行・証券会社・公認会計士・税理士・弁護士・経営コンサルタント」などが挙げられ、M&A に伴う企業評価に際して、客観的な立場での評価が期待できる。

③　M&A の進め方

1）企業内部における決定の実行プロセス

　当事者企業の M&A 実行プロセスは以下の①から⑩のとおりの順に進めていく。

① 　経営目標の決定：将来の事業展開を方向づける。
② 　戦略の決定：M&A を経営戦略の一環とする。
③ 　買収分野の決定：進出する事業分野を明確にする。
④ 　買収基本計画の策定：M&A のスケジュールを具体化する。
⑤ 　目標企業の選定：M&A の対象企業をリストアップする。
⑥ 　目標企業の絞り込み：対象企業を評価・選別する。
⑦ 　選定企業へのアプローチ：対象企業への打診・意向確認。
⑧ 　買収手続の選択：M&A の形態を選別する。
⑨ 　買収交渉：買収の諸条件の検討・交渉。
⑩ 　買収実行：基本合意に基づく譲渡契約の締結・実行。

2）相手企業との交渉内容

　相手企業との交渉内容は 3 つある。1 つめは、「財務上の問題解消」であり、株主対策と簿外債務の処置・債権債務処理を明確化」する。2 つめは、「譲渡財産の基本合意事項の明確化」である。3 つめは、「M&A 後の運営」であり、「被買収企業の経営陣の処遇と M&A 後の経営方針を明確化」することである。

④　M&A の形態

　M&A の形態は図表 2 - 3 - 2 のとおりである。

図表 2 - 3 - 2：M&A の形態

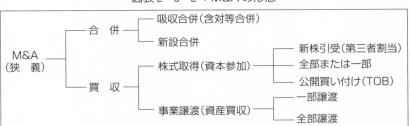

5　M&A の形態別比較

　M&A は、企業の経営目標を達成するための一手段となる。形態別のメリット、デメリットは図表 2 - 3 - 3 のとおりである。

図表2-3-3：M&Aの形態別メリット・デメリット

	摘要	合　併	株式譲渡（取得）	事業譲渡
被M&A側	メリット	・合併会社が当該社の権利義務の全てを継承 ・現株主・社員も継承 ・合併対価として、少数株主として残ることもできる ・金銭対価も可 ・取引先・銀行の協力を得易い ・合併効果が期待できる（スケールメリット合理化、経営資源共有化等）	・手続が簡単 ・経営権を包括的に移管できる ・事実上社員継承・現株主に現金が入る ・当面社名を含め法人格は残る ・銀行・取引先の理解が得易い ・第三者割当増資だと会社に資金が入る	・相手先を探し易い ・社員継承 ・会社に営業権の対価が入る
被M&A側	デメリット	・手続が煩雑で時間が掛かる ・被合併会社は消滅する ・合併比率を適正に設定する必要ある	・経営権が全て移る ・株の譲渡益課税26% ・株主を集約するか、譲渡に関する株主の事前了解が必要	・手続が煩雑 ・事業譲渡後の残った債権債務の処理が必要 ・譲渡益が発生すれば法人税課税 ・譲渡先に必要なものだけピックアップされる ・株主総会の特別決議が必要 ・土地も譲渡対象であれば譲渡益課税がかかる
M&A側	メリット	・被合併会社の累積赤字を税務対策上利用できる ・買収資金が必要ない。 ・被合併会社の営業権、社員等すべてが手にはいる	・100%経営権が獲得できる。或いは、段階的に出資比率を増加できる ・株主がリスクを負うため、リスクが自社まで及ばない ・経営権、社員など全てが手に入る ・社名が当面残せて、得意先の引継がスムーズ ・買取の損得が算定し易い	・必要なものだけ譲渡を受けられる。 ・簿外債務・偶発債務を排除でき、リスクが少ない ・営業権価格は税務上損金計上可能 ・買収の損得が算定し易い
M&A側	デメリット	・被合併会社の権利・義務全てを承継するためリスクが大きい ・被合併会社の経営内容如何によっては、自社の経営にも影響する ・手続きが繁雑で時間が掛かる ・合併比率を適正に設定する必要がある	・株取得の資金が必要（株主）。 ・事実上被買取会社の権利 ・義務を全て継承するためリスクが大きい ・株主の買取価格を慎重に計算する必要がある	・譲受リストの作成、対価の算定など手続きが煩雑 ・営業権取得対価がかかる ・得意先の引継に不安が残る ・株主総会の特別決議が全部譲渡の場合必要 ・譲受部分の従業員は受け入れの必要有り

（著者作成）

6　M&A 実行における留意点

　M&A 実行における留意点について、基本構想段階と交渉段階で各々の留意点をあげておく。

1）基本構想段階

① M&A 側の対応

　被 M&A 側から何を求められるかを考慮して、次に掲げるような意思決定が必要である。1 つは、「市場展開領域の拡大（質・量の向上）」である。例えば、販売チャネル（得意先）を獲得したり、成長市場における売上増大、営業・物流拠点の確保を図ったり、多角化事業へ参入するなどである。

　2 つめは「既存市場の深耕」である。例えば、マーケットシェアの拡大、経営効率化、規模の利益の追求、展開市場競争を回すなどである。3 つめは、「商品開発（調達）の強化」である。例えば、有力銘柄を取得し、商品カテゴリー対応力の拡大を図るなどである。4 つめは、「人材の確保」である。例えば、不得意分野の人材を補強するために、業界に精通した経営幹部及びセールス・エンジニアを確保（即戦力）するなどである。

②被 M&A 側の対応

　自社の「経営資源を M&A 後も活用」する。経営に確かな責任と信頼が持てる相手であることが肝要である。1 つは、「創業者利益の確保」である。事業存続の手段（経営権保持の意思決定）となる。現経営陣及び従業員の M&A 後の処遇希望（得意先への「顔」の維持、従業員の士気低下防止、経営陣の対面保持の観点から 1 期程度は会長、専務等の役職に留まり円滑な引き継ぎを図りたい。2 つめは譲渡希望資産の意思決定である。「土地、建物・販売機器・什器（薄価が基本）」等が挙げられる。3 つめは、「事業部門のリストラクチャリングの手段」とすることである。「事業領域の拡大」を図ったり（商品のフルライン化取引対応等）、「資金調達手段として業績回復」を図ったり（株式第

三者割当等）、「情報化対応を図る（情報処理、情報ネットワーク等）」などが
挙げられる。4つめは、「企業としての現金価値の把握」である。株式譲渡の
場合は、「純資産額を基準」として算出し「営業権代（のれん代）」を加算す
る。事業譲渡の場合は、合併（譲渡財産）に営業権代（のれん代）を加算す
る。

2）交渉段階

　交渉段階では、以下の「9つの視点が重要」である。
・双方の「希望条件を明確」にする。
・交渉は穏やかにかつ紳士的に行う。
・「秘密保持」には十分配慮し、情報開示前に秘密保持に関する覚書を締結す
　る。
・M&A決断は「即断即決」（気が変わらぬうちに）がコツである。
・「法務・税務」には遺漏なきこと。
・M&A側企業は被M&A企業の「人材を活かす」ことが重用である。
・M&A契約は「秘密保持契約及び基本合意書」、クロージング契約として、
　「合併契約・株式譲渡契約又は事業譲渡契約」の二段階で締結する。
・M&A側企業はビジネスの将来性・マーケティング資源・損益予測など「企
　業価値測定作業」として、買収監査（デューデリジェンス）が重要となる。
・M&A実行段階では、「仲介者、専門家の援助」を受けた方がスムーズに事
　が運び安全である。

3 ｜　経営統合による企業間連携の実際

1　株式交換・株式移転による経営統合

　企業が企業グループを形成する際（企業買収や企業再編成）や100％親子関

係を円滑に創設する際に「株式交換」や「株式移転」を導入する。

1）株式交換

　株式交換は、「既存の会社で契約を締結」し、100％子会社（完全子会社）となる会社の株主の株式と、完全親会社となる会社が発行する株式とを一定比率で交換することである。完全子会社となる会社の株主は、完全親会社の株主となる。株式交換の手続としては、①「株式交換契約書」の締結後、株主総会で同契約書承認を決議（特別決議）が必要ということ、②反対株主には、株式買収請求権あること、③株式交換の効力は、株式交換日に発生することに留意する。

2）株式移転

　株式移転は、「完全親会社を設立」し、完全子会社となる会社の株主の株式と完全親会社が発行する株式を一定比率で割り当て、「100％親子関係を創設する手続」きである。完全子会社となる会社の株主は、完全親会社の株主となる。株式移転の主な手続としては、①完全子会社の株主総会で、株式移転の承認の決議（特別決議）が必要ということ、②反対株主による買収請求権及び事前開示と事後開示等株式交換と同様であること、③完全親会社の株式移転の効力は、設立登記完了日に発生することなどに留意する。

4 ｜ 会社分割による事業の再編

　会社分割には、2つのケースがある。1つは、「新設分割」の場合であり、この場合には、事業部門を分離・独立させる会社（分割会社）が、新たに設立する会社（新設会社）に事業部門を承継させる手続きが必要である。2つめは、「吸収分割」の場合であり、分割会社が、既存の会社（承継会社）に事業部門を承継させる手続きが必要となる。

　新設分割と吸収分割には、新株の割当方法により分社型会社分割と分割型会社分割に区分される。

図表2-3-4：分社型会社分割・分割型会社分割

区　分	分社型（分割会社に新株を割当て）	分割型（分割会社の株主に新株を割当て）
新設分割	分割会社は新設会社の株主になる	分割会社の株主は新設会社の株主になる
吸収分割	分割会社は承継会社の株主になる	分割会社の株主は承継会社の株主になる

　会社分割では、新設会社・承継会社は「新株を割り当てるので資金は不要」であり、分割会社・分割会社の株主と新設会社・承継会社の間で株式の移転（新株割当）が生じる。事業譲渡の場合には、譲受会社は、譲渡会社へ譲渡の対価を支払うための資金が必要となり、当事会社間での株式の移転はないという点が、会社分割との大きな違いである。

5 ｜ M&Aと企業評価

　企業評価は、買収価格の決定や合併比率にも係わるため、M&Aで最も争点となり易い。
　買収対象会社が上場企業であれば、市場価格（株価）を基準に後はどうプレミアムをつけるかの程度で済む。
　非公開企業の場合、様々な算定法があり、当事者間で争点となり易い。

1　企業評価方法

　企業評価方法としては、「ストックとしての純資産価値を基準」と「将来価値を算出する方法とフローとしての収益還元価値を基準とする方法」がある。企業評価の方法は、経済環境や市場・投資家の考え方・買収対象企業の個別的要因の影響を認識しておく必要がある。

図表 2 - 3 - 5：企業評価分類

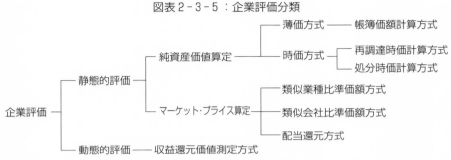

出所：金子登志雄（1990）『中小企業のための M&A 戦略 成功のポイント』（岡山経済研究所、37頁）

　前記は何れも M&A のために考案された方法ではないため、そのまま M&A に直ちに利用するには無理がある。その理由としては、主として、以下の 5 点にある。①帳簿価額を基準とすることは、含み益を全く無視することになる。②再調達価額を基準とすることは、買手にとって不要なものまで再調達価額で評価する点に問題がある。③処分価額を基準とすることは、企業の清算が前提。企業の継続を前提とする M&A では不適当である。④類似業種ないし類似会社比準方式は、比較の対象となる企業自体の株価が理論的に形成された株価ではない点に問題がある。⑤配当還元方式は、企業支配を目的として企業価値を算定する場合の方法としては不適切である。

2　M&A における企業評価

　企業評価法の「ストック基準」は、客観的なデータから判断はできるが、M&A は単に既存の資産の取得だけではなく、自社の経営参加による今後のリターンを期待して買うため、「対象企業の過去・現在・未来の全てを買う」こととなる。
　そこで、企業価値評価では、「貸借対照表をもとに純資産を基準」とし、このストックに将来の予想利益を営業権代（のれん代）等によって加味させる方

法が多く採用されている。これによって、純資産に入らない人的資源・技術・ノウハウ等の知識資源・信用力等の信用資源も将来のフローとともに営業権として評価できる。

　中堅・中小企業の企業評価の現実は、「M&Aの決定がなされてから評価を行うケースが多く」、その判断基準としては、M&A後の企業運営を重視しているため、契約時点において客観的な判断材料となる「純資産」を中心にフローを加味した評価に落ち着く場合が多い。

企業評価＝時価純資産額＋営業権

1）時価による純資産評価のポイント

　対象企業の資産・負債を市場価格で評価換えし、見直し後の資産から負債を差し引いた実質的な自己資本額で評価する方式。

時価純資産額＝簿価純資産額＋（含み益－含み損）

・売上債権
　不良債権など資産性のないものを除外し、正味回収可能額を時価として評価する。
・受取手形、売掛金
　1年以内に取り立てが不可能又は困難な資産性のない不良債権は減額する。
・棚卸資産（商品、製品、半製品、原材料、仕掛品）
　簿価をもって時価とし、不良品、長期滞留品等は処分見込額を時価とする。
・未収入金、立替金、仮払金、貸付金
　返済可能性が低いものは金額ゼロ評価
・建物
　再調達価額（建築見積を参考）、売却可能価額、市場価格（近隣売却例を参

考）などがあるが、何れも算出が煩雑なため簿価を時価とする。

・土地

時価としては、鑑定評価額・近隣の取引実例・公示価額などが基準となる
が、路線価額（公示価額の0.8掛け）を使用することもある。

・車両・運搬具・工具・器具・什器・備品等

再調達時価又は簿価を時価とする。

・有価証券

売買相場のあるものは時価、相場のないものは額面金額を基準に適正価格と
する。

・投資

子会社株式・取引先・ゴルフ会員券など資産性によって減額又は再評価す
る。

・繰延資産

費用化しており金額ゼロ評価とする。

・負債

支払手形・売掛金・退職給与引当金・未払金・借入金などがあるが、問題と
なるのは退職給与引当金を引き継ぐ場合で、帳簿上の価額ではなく自己都合
退職の100%を負債として評価する。M&A によって役員が退任する場合に
は、その退職金も同様。未払金は未計上であれば計上する。

2）営業権評価

営業権は、知的・信用資源等の経営資源を有効に活用して収益を上げる力で
あり、これら超過収益力に対する対価である。

中小企業においては、「純益年買法」が多く適用されるが、近年企業収益が
厳しく過去に利益計上ができないケースが多く、このような場合、フロー評価
にならざるを得ない。最近では、標準経常利益を基に算出する方法も散見され
ている。

①純益年買法例

> 営業権＝過去３年の平均純利益×年数（３〜５年）

②標準経常利益法例

営業権＝標準経常利益−（簿価総資産価額×○％）×年数（３〜５年）○％＋
リスクプレミアム○％を加算。

注：標準経常利益は本来の収益力であり、販売・一般管理費各科目修正後の経常利益
（役員報酬・交際費・減価償却費等）
　一例としての○％の算出根拠は、金融情勢を考慮して評価時点の長期プライムレート

　最後に、今日の企業環境激変時代に直面した中で、企業にとって安定的な収益を確保するためには、単独での対応が難しく、グループでの事業展開が主流となってきた。その実現のための有効な手段として、企業間連携によるM&Aが重用されているので、ご参考にいただきたい。

［参考文献］
金子登志雄（1999）『中小企業のためのM&A戦略 成功のポイント』岡山経済研究所
森信静治・川口義信（1990）『企業買収・合併の実践法務』日本経済新聞社

第 3 章

生産性向上実現のための組織・人事・業務革新

組織革新による生産性向上
（フォロワーシップ型組織への革新）

松山 一紀

同志社大学　社会学部産業関係学科　教授

1 ｜ VUCA時代の組織管理

　バブル経済が崩壊して以降、経営環境の不確実性は高まるばかりである。現代企業は、こうした環境を適切に認識し、それに適応しなければ、思うように生産性を高めることができないようになってきている。そして、企業が適応すべき環境の変化は、不確実性だけではない。まさに、VUCAという言葉が示すように、私たちは、変動が激しく（Volatility）、不確実性が高く（Uncertainty）、複雑で（Complexity）、曖昧な（Ambiguity）環境に身を置いているのである（Bennett & Lemoine, 2014）。

　まず、変動性について考えてみよう。私たちを取り巻く社会では、以前に比べると、至る所で頻繁に変化が生じている。例えば、製品やサービスのライフサイクルが短期化してきたこともその一つである。消費者のニーズが頻繁に変化するため、製品やサービスの効果はあまり長続きしない。そして変化は頻繁に生じるだけではなく、時に予測不可能である。こうした変動性に対する対処としては、敏捷性が重要であると言われている。将来柔軟に対応するための潜在能力を蓄積しておくことが必要なのである。

　次に不確実性についてはどうであろうか。不確実性については、以前から多くの研究がなされてきた。ここで不確実な状況とは、ある事態に伴って生じる

結果や、その結果の生じる確率などがわからないといった状況を指している。コンティンジェンシー理論、すなわち、組織の構造が環境に従って変化しなければ業績を高めることができないという理論を提唱したローレンスとローシュによれば、環境からの情報に明確性が欠けている場合、はっきりとしたフィードバックが環境からもたらされる時間が長い場合、原因と結果の関係が不明瞭な場合に、不確実性が高くなる。従って、不確実性に対処するためには、新しいデータを収集し、新しい観点で環境を捉えていくことが必要になるとされるのである。

　次は複雑性についてである。私たちの取り組む問題のなかに、数多くの理解困難な要因が含まれているとき、そしてそれらに影響を及ぼしている要因が組織の内外に数多くある場合に複雑性は高まると考えられている。こうした外部の複雑性に対処するためには、組織内部のオペレーションを再構築することが求められる。例えば、急激に成長したスタートアップ企業は、組織の拡大に伴い複雑化する組織内部を、整然と管理するために、組織の機能を細分化し、それに対応した職能部門を形成していくことが必要になってくるのである。

　最後は曖昧性である。ゲームの基本的なルールについての知識がない。事態の意味が不明瞭。原因と結果がわからないので、予想を立てるために必要な前例がない。こういった場合に曖昧性は高くなる。曖昧さを減らすためには、知的な実験が必要だとされる。これまでのビジネスルールが適用できないところで、戦略の有効性を吟味するためには、最も優れた方法といえるであろう。

2 ｜ 環境適応行動

　現代企業が生き残るためには、このように様々な困難を有する環境に対して、適応し続けることが求められる。それは、企業がオープン・システムだからである。組織がオープン・システムとして捉えられるようになったのは、1960年代頃からだと考えられている。ここで、オープン・システムとは開放体

系ともいわれ、クローズド・システム（閉鎖体系）と対比される。クローズド・システムがシステムを環境との相互作用をもたない、自己完結的なものとして捉える概念であるのに対し、オープン・システムは環境との継続的な相互作用を認めるところにその特徴がある。環境から物、エネルギー、情報などをシステムにインプットし、それを内部で転換し、アウトプットを環境に産出することによって、均衡状態を維持する。そして環境が変化すれば、その変化に適応するために、内部の構造や過程を変化させていくのである（占部編、1980）。

例えば、Chandler（1962）は、組織の構造はその戦略に従うという有名な命題を実証研究を通して明らかにした。Chandler（1962）では、組織の長期的存続を維持するためにもっとも重要な、4つの基本的成長戦略が取り上げられている。それは、量的拡大、地理的拡散、垂直統合、そして製品多角化であり、これらそれぞれの成長戦略は、異なったタイプの管理上の問題をもたらし、異なった形態の組織構造を採用するように促すとされる。つまり組織がより大きく、より複雑になるにつれて、組織は職能的形態から製品形態そして複数事業部形態へと構造的変化を経験するのである。

このように、オープン・システム理論を前提とした一連の研究はコンティンジェンシー研究として結実し、1970年代まで隆盛を極めた。ここでは、代表的な3つの研究を取り上げよう。

まず Burns & Stalker（1961）は、環境と管理システムに注目し、イギリス・スコットランドにある20社を調査した。その結果、市場および技術の変化率が高い、つまり環境変化が激しい産業では、彼らの言う「有機的組織」を採用する企業の業績の良いことがわかったのである。有機的組織とは、役割が明記されておらず、権限と責任の関係が弾力的で、横のコミュニケーションがとれており、状況に応じて臨機応変に対応できる分権的な組織を指している。

一方、市場も製品ラインも変動しない産業では、「機械的組織」が採用されていた。機械的組織とは、職能的に専門化・細分化されており、権限・責任関

係が明確化され、非人格的な命令系統や階層化が徹底されている官僚・集権的組織を指す。こうした結果から、特定の環境のもとでは、特定の管理システムが有効であるという解釈が導かれる。管理システムは環境によって規定されるのである。

　Woodward（1965）は、特に技術に注目して調査を行っている。イギリス・サウスエセックス地域にある100社を対象にサーベイ調査を実施した後、23社について事例研究を行った。彼女は、技術の複雑さと生産システムそして組織構造を変数として取り上げ、技術変化が組織形態を決める第一の要因であると主張した。すなわち、技術が単純か複雑な場合は有機的組織が、そうでない場合は機械的組織が適合的であることを見出したのである。

　最後にコンティンジェンシー理論の名称を決定的にしたとされるLawrence & Lorsch（1967）を取り上げよう。彼らは、企業の分化と統合の関係に注目し、プラスチック産業の6組織、食品産業の2組織、そして容器産業の2組織に対して調査を実施した。企業の分化とは、部門における組織構造や思考様式（目標志向・時間志向・対人志向）が異なる程度を表し、統合とはその企業のために協力し合う程度を表すものとした。対象部門として研究開発部門、販売部門、製造部門の三つが取り上げられた。

　その結果、プラスチック産業のようなダイナミックな環境下では、高度な分化と高度な統合が必要であること、そして容器産業のような安定的な環境下では、分化を低下させ統合を発達させること、つまり集権化が高業績をもたらすということが見出された。これらの結果は、どちらの産業においても、業績の良い企業が環境との適合を達成していたことを示している。

3 ｜ 過剰適応と環境創造

　さて、これら一連の研究は、組織が環境に適応することの必要性を見事に炙り出している。しかし、組織の行動とは、このように環境によってのみ決定づ

けられるものなのだろうか。また、環境に適応するだけで良いのであろうか。一般的に、成功体験が足かせになると言われるように、過剰適応にも問題がある。

　以前、筆者が勤めていた松下電器（現、パナソニック）を事例として考えてみよう。まさに、筆者は参与観察者の立場にあったと言える。当時の松下電器は商品別事業部制を敷いていて、筆者が所属していたのは、家庭用ビデオカメラを製造販売している事業部であった。1991年に発足したその事業部は、ビデオ事業部から独立したとはいえ、3000名以上もの人員を擁した、松下の中でも大規模といえる事業部であった。その名もビデオムービー事業部である。将来を嘱望された事業部であった。ただ、今から思えば、母体であるビデオ事業部と比べて、従業員は比較的若く経験値も低かったように思われる。

　さて、1990年に世界初、最小最軽量のビデオムービー「ブレンビー」が発売されたとき、松下電器の市場占有率は他の家電メーカーを押しのけて堂々の1位であった。手の平に乗せることのできるビデオカメラは注目の的であった。しかし、松下電器が市場で優位に立っていたのは、ほんの束の間であった。その後、ソニーからパスポートサイズと銘打ったTR55が発売され、続けてシャープから液晶ビューカムが市場に投入されると、瞬く間にシェアを落とし、一時5％台にまで低下したのである。様々な対応策がとられたが、どれも決め手を欠き、結局、ビデオムービー事業部はわずか3年で幕を閉じることになった。

　松下電器では各事業部が独立採算制で評価されており、3期連続で赤字が続くと、取り潰しになるというルールが適用されていた。とても厳しいルールである。そのため、ビデオムービー事業部は、本社からの救済もなく、そのまま事業活動を終えたのである。当時、設立後わずか3年で取り潰しになる事業部は、極めて珍しかったのではないかと思う。それにしても、どうしてこのようなことが起こってしまったのであろうか。

　話は、さらに遡る。世界で、ビデオ戦争が勃発したときのことである。1970

年代の半ばと言えば、既にカラーテレビが日本の全世帯に普及し、家電各社は次なるヒット商品を生み出す必要に迫られていた時代であった。そこで大きな期待を寄せられていたのが、家庭用ビデオだったのである。当時、業務用のビデオデッキはあったが、大きくて重くて高価であったために、一般家庭には不向きの代物であった。そこで、各社はビデオデッキの小型化を目指したのである。

　それにまず世界で最初に成功したのがソニーであった。ソニーが開発した「βマックス」は画期的な商品だったと言われている。そして、その翌年に日本ビクターが「VHS」という、ソニーとは異なる規格のビデオを発表した。ここでビデオ戦争が勃発したのである。ベータ規格とVHS規格の間には互換性がなかったため、業界標準を目指して、両者は多数派工作に打って出た。少しでも多くの賛同を得ることができれば、一挙に形勢が有利になるというのが、この戦争のポイントであった。そして、注目されたのが松下電器の去就だったのである。当時の松下電器は2万店以上にも及ぶ専売店を有していた。松下電器が扱えば、一挙に形勢が有利になる。両陣営はともに、松下電器を味方につけようと必死だったのである。結局、松下電器はVHSを選択することにした。そしてその後、VHSはベータを駆逐していくわけだが、これがビデオカメラ戦争への伏線となったのである。

　それから15年が経過して、松下電器がビデオカメラを開発したとき重要視したことの一つが、「規格」であった。VHS規格である。当時のビデオカメラで使用されるメディアは、カセットタイプのテープであった。問題は録画した画像をどうやって再生するかだったのである。松下電器は、簡便性を重視し、VHS規格のコンパクトテープが使用できるビデオカメラにこだわった。ビデオカメラで録画したテープ（C-VHS）は専用のアダプターに装着するだけで、VHS規格のビデオデッキで再生することが可能だったのである。一方、ソニーやシャープはもともとVHSにこだわりがなかったため、ひたすら小型化を追求した。その結果、C-VHSよりもコンパクトな8ミリテープを規格とす

る機器の開発に成功したのであった。再生するときはコネクターを使用しなくてはならないため、簡便性こそ損なわれるものの、それでも小型化を優先したのである。それゆえ、本体のデザインを損なうこともなかったと言える。そして、空前の海外旅行ブームのなか、パスポートと同じサイズというのが決め手となった。一方のシャープはというと、液晶でモニターを見ながら撮影できるという斬新さが、松下電器の商品を凌駕していくことになるのである。

　市場を見誤ったという見方もできよう。しかし、当時、ビデオ市場におけるVHS規格の優位性が依然として持続していたことを考えると、当時の松下電器は、市場環境に対して過剰に適応してしまったともいえるのではなかろうか。

　こうした事例からも明らかなように、企業はただ環境に適応するだけでは生き残ることができない。ましてや、環境がすべてを決定することなどあり得ない。このような、環境決定論に異を唱えたのが、Child（1972）である。チャイルドは同じ環境状況でも異なる組織システムによって有効な成果を出している企業の例を提示することによって、環境決定論を批判し、戦略的選択論を主張した（大月、2005）。そしてそれを継承したのが、Miles & Snow（1978）である。

4 ｜ マイルズとスノウによる戦略選択アプローチ

　彼らは、環境の変化と不確実性に適応する過程を、いくつかの組織階層にわたっての無数の意思決定と行動を包含した、きわめて複雑な過程であるとして、環境との効果的な整合を維持しながら、内部の相互依存関係を効率的に管理する過程を捉えようと努力した。

　当時の支配的な見解は、戦略が組織構造や組織過程を規定するというものであったが、彼らは環境や戦略と組織との関係をそのような単純かつ一方的なものとして理解せず、よりダイナミックなものであるとの視点から出発する。つ

　まり、組織側の主体性を認め、組織は環境や戦略に対して比較的自由な存在であると考えるのである。

　彼らが依拠しているアイデアは次の三つである。一つは Child（1972）の戦略選択アプローチおよび Weick（1969）の環境規定といった概念をもとにした、「組織は、自らの環境を創造するべく行動する（邦訳、6頁）」というアイデアである。この発想に従って、彼らは戦略の選択を行う人たち、すなわち経営者の環境創造における自由を強調する。

　そしてこうした経営者の戦略選択が、組織の機構や過程を形成するというのが、二つ目のアイデアである。この着想は従来からのコンティンジェンシー理論に沿ったものと言えるが、彼らの戦略に対する見方は少し異なっている。

　例えば、Chandler（1962）が戦略を「一企業体の基本的な長期目的を決定し、これらの諸目的を遂行するために必要な行動方式を採択し、諸資源を割当てること（邦訳、29頁）」と定義し、戦略の計画的側面を強調しているのに対して、Miles & Snow（1978）は、戦略を「組織がとりうる将来の事業領域についての大小さまざまなの意思決定の、あるパターンないし流れ（邦訳、8頁）」と定義し、組織の機構と過程を通じて実行されて初めて意味をもつものと理解している。つまり組織の戦略は、その行動から推論されるものであり、それは計画としての戦略というよりは結果としての戦略を意味している。

　最後のアイデアは March & Simon（1958）によって明らかにされた意思決定の限界性に依拠しており、戦略は機構と過程によって制約されるというものである。組織構造やその過程は戦略によって規定されるだけではなく、同様に戦略も組織構造や過程によって規定される。経営者は自らが形成し、慣れ親しんできた機構や過程から大きく逸脱するような戦略を選択しないのである。

　いずれにしても、彼らが特に強調しているのは、組織が環境に適応していく過程における経営者の役割である。この点を彼らは Thompson（1967）から受け継いでおり、この考え方を拡張するために「防衛型」「探索型」「分析型」「受身型」といった4つのタイプの組織適応を構想している。

5 ┃ フォロワーシップ理論

　このように、マイルズとスノウは戦略選択という経営者の役割を明らかにすることによって、それまで主流であった環境決定論、すなわち、経営者もしくは組織の行動が環境によって決定づけられるという考え方に挑戦したのである。経営者もしくは組織は、環境に対してただ、受動的な存在であるというだけではなく、環境適応のための方略すなわち戦略を、選択的に意思決定することのできる能動的な存在であることを明らかにしようとしたのである。

　こうした考え方は、近年市民権を得つつあるフォロワーシップ論と軌を一にする。フォロワーシップ論におけるフォロワーとは、組織における個人を指している。組織に貢献するために必要な最低限の知識や能力、そして価値観などを備えた個人をフォロワーと位置づけている。ここでフォロワーというと、どうしても、上司やリーダーにただ従うだけの受動的な存在として捉えてしまいがちであるが、そうではない。Uhl-Bien et al.（2014）も言うように、フォロワーはリーダーからの指示命令を自覚的に受容する存在なのである。これは、松谷（2010）の言うように、フォロワーがフォロワーであるためには、「自覚的にフォロワーモード」に入るというステップが必要であることを意味している。

　これまで、経営者がフォロワーとして捉えられることはなかった。組織のトップには上司やリーダーがいないのだから、当然と言えば当然である。しかし、本当にそうだろうか。経営者といえども、何かに従う存在であることに変わりはない。組織が社会に開かれている以上、経営者もまた、様々なステークホルダーたちに取り巻かれている。投資家や取引先、そして顧客などである。こうして考えると、経営者も社会におけるフォロワーであることは疑いようのない事実だと言える。マイルズとスノウの議論は、それを私たちに気づかせてくれているのである。

先の議論を経営者に当てはめるのであれば、経営者もまた、環境などからの影響を自覚的に受け入れる存在でなければならない。環境に対して、自覚的なフォロワーとして振る舞う必要があるのである。

6 ｜ 経営者のフォロワーシップ

　ではここで、松山（2018）と Miles & Snow（1978）を参考に、経営者のフォロワーシップについて考えてみよう。まず、松山（2018）では、フォロワーシップを理解するうえで、組織人の人格内部に、従我と観我と呼びうる、二つの自我システムが機能していることを想定している。ここで従我とは、環境に内在している有意味な刺激に反応する自我システムを指している。例えば、環境としての上司からの指示命令は、フォロワーにとっては有意味な刺激である。こうした刺激に的確に反応するためには、指示命令の意味内容を理解するために必要な知識や能力、そしてそれを実行するための技能などが、フォロワーに備わっていなければならない。

　しかし、フォロワーに必要なのは従我だけではない。それだけでは、新しい環境に適応することができないし、新しいものを生み出すこともできない。また、従我は効率的な反応だけを目的としているため、この機能だけでは、仮に上司からの指示命令に問題があった場合、それを是正することができない。そこで必要とされるのが、観我である。観我は従我が反応しようとする際に、その指示命令を吟味し、よく観ようとする。従我を抑制し、制御するのが観我の役割と言える。

　これらの議論を経営者に当てはめてみると、どうなるであろうか。図表3－1－1は、松山（2018）で提唱されているフォロワーシップ行動の3次元モデルをアレンジしたものである。先ほど説明した、従我が横軸に、観我が縦軸に設けられている。また今回は、経営者を取り巻く環境を組織の外部と内部に大別して想定する。経営者を取り巻く環境は、組織の外部にのみ存在するわけで

図表3-1-1　経営者のフォロワーシップ行動

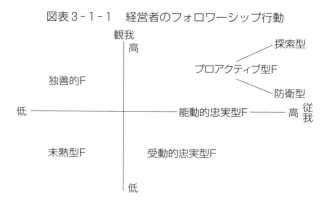

はない。従業員や技術システムは組織内部における重要な環境である。従って、ここで従我とは、こうした組織内外における環境からの有意味刺激に対して反応する程度をあらわすことになる。右の方が、反応程度が高く、左の方が低いということになる。また、中央は標準レベルを表していると考えてほしい。

　同様に、観我は経営者の従我において生じる反応を抑制もしくは制御しようとする程度を表している。従我が環境からの刺激に対して反応しようとするときに、それが適切であるかどうかを吟味し、コントロールしようとする程度を表している。さて、観我についても、中央は標準レベルを表していると考えてほしい。

　では、それぞれのフォロワーシップ行動について、考えてみよう。まずは、未熟型フォロワーシップ行動である。未熟型は、従我・観我ともにレベルが低い。従我のレベルが低いということは、組織内外からの有意味な刺激に対して反応できていないことを表している。それは、そもそも環境から有意味な刺激を取り出すことに失敗しているのかもしれないし、感知する能力が乏しいのかもしれない。また、刺激を感知できていたとしても、反応する能力に問題があるのかもしれない。さらに、観我のレベルも低いということは、従我の反応を

制御する能力が乏しいことを表しており、行動自体が不活発なタイプのフォロワーシップである。このタイプはマイルズとスノウの言う、受身型に近い。ちなみに、彼らは受身型の組織を次のように表現している。

「受身型は、トップが組織環境で発生している変化や不確実性に気づくことはあっても、それに効果的に対応することができない組織である。このタイプの組織は、一貫性のある戦略・機構関係を欠いているので、環境からの圧力によって強制されるまでは、いかなる対応もめったに行わない（38頁）。」

次に、受動的忠実型フォロワーシップ行動である。このタイプは、従我のレベルは標準以上に達しているため、組織内外からの顕在的な刺激に対して、十分かつ適切な反応を生じさせることができる。例えば、市場環境からの要請には忠実に対応することができるということである。顧客からの要望にしっかりと耳を傾け、注文通りの価値を提供する。しかし、観我は標準以下であるため、顧客の要求に従うのみで、それを疑ったり、それに挑戦しようとはしない。従って、新しい価値を提供するまでには至らないのである。

では、プロアクティブ型フォロワーシップ行動はどうであろうか。このタイプは、従我・観我ともにハイレベルの域に達しており、環境からの顕在的要請に従うだけでなく、場合によってはそれを抑制・制御し、代わりに潜在的な要請を読み取り、先回りすることができるのである。このタイプの行動は、マイルズとスノウによる探索型に近い。彼らによれば探索型とは「絶えず市場機会を探索してやまない組織であり、新しい環境にいつでも対応できる体制を整えている。そのため、この組織はしばしば変化と不確実性を創り出し、これに対して競争会社は対応を余儀なくさせられる。しかしこの組織は、製品と市場の革新に対して関心を持ちすぎるために、通常は効率的にはなっていない（38頁）」とされる。観我のレベルが高いため、顕在的なニーズに従おうとする従我を抑制しようとする。そして、顕在的ニーズを疑い、それにチャレンジするのである。

さて、プロアクティブ型フォロワーシップにはもう一つのタイプが考えられ

る。ポーターの競争戦略論によれば、競争優位の確立に必要なことは差別化である。探索型の行動は標的となる市場の差別化を意図したものであり、それは、提供する財やサービスの質的差別化を含意している。こうした差別化は、ポーターの言う商品差別化戦略に相当するだろう。しかし、差別化は質的なものだけに限定されない。量における差別化も重要である。ポーターの言う、コストリーダーシップ戦略である。量的差別化のためには、効率化が必要となる。先回りをして、ライバル企業以上の効率を実現するためには、先行投資が必要となるかもしれない。マイルズとスノウの防衛型行動にも近いといえるだろう。

　彼らによれば防衛型とは、「狭い製品・市場の領域を持つ組織である。このタイプの組織のトップは限られた事業分野では高い専門性を持っているが、新しい機会を求めて領域の外側を探索しようとはしない。このように狭く的を絞っている結果として、これらの組織は技術、機構、あるいは業務の方法を大きく変える必要はめったにない。彼らの主要な関心は、既存の業務の効率を向上させることである（38頁）。」

　さて、こうしたプロアクティブ型フォロワーシップが、何かのきっかけで従我の機能を低下させてしまうと、独善的フォロワーシップに陥ってしまう。前述した松下電器の例がこれに当てはまるかもしれない。VHSへの執着によって、市場からの期待に反応できなくなってしまったのである。市場環境への過剰適応は、適応のための行動をエスカレートさせるあまり、その行動のみが目的化し、市場を置き去りにしてしまうのかもしれない。市場の声に耳を傾けることができなくなった組織は、独善的といわれても仕方あるまい。

　最後に、能動的忠実型フォロワーシップである。このタイプは受動的忠実型とプロアクティブ型の中間に位置すると考えておきたい。受動的忠実型フォロワーシップを起点としたとき、従我と観我のレベルを高めていくことによって、プロアクティブ型を目指すことが、望ましい発達モデルなのではないだろうか。

　パナソニックは1918年に松下電機器具製作所として事業を開始した。当初から、堅実な経営を実践し、経営状況はまずまずであったという。しかし、創業者である松下幸之助氏は、常に何か物足りないものを感じていたというのである。確かに経営はうまくいっている。しかし、今の松下はいわゆる商習慣に従っているだけで、その域を出るものではない。何が足りないのだろうと、悩む日々を過ごしていたというのである。そのような悩みが解消されたのが、1932年。まさに経営理念が確立されたときであったとされる。

　商習慣に従うというのは、もちろん大切なことである。これも一つの従我と考えていいだろう。しかし、幸之助氏は商習慣に反応するだけの従我を制御し、自問自答し続けた。その結果が、水道哲学の会得、すなわち経営理念の確立へと結びついたのである。経営者としての観我が重要であることを物語っているとは言えないだろうか。こうして、松下電器は受動的忠実型から能動的忠実型へと変化を遂げていったと考えられるのである。

7 ｜ 事例研究

　では最後に、経営者のフォロワーシップ理論を実際のケースに当てはめてみよう。今回は、関西生産性本部が2020年度の生産性向上事例研究会で取り上げた横井製作所と友安製作所に注目する。

1 ケース1：横井製作所

　横井製作所は京都府宇治市に本拠を置く、精密プラスチックのメーカーである。OA機器の機構部品などを手掛けており、なかには世界シェアが20%という製品もある。そんな横井製作所が、大きな戦略転換期を迎えたのは、平成12年頃だという。顧客である大手メーカーが中国、ASEANなどに製造拠点を移し始め、部品の現地生産化が検討され始めた頃である。当時は、機械に人がつ

いて、部品を金型にセットして成型するという、有人成形体制であったため、人件費におけるコスト差を考えると約20%にもなったという。そこで、セットメーカーの助言を受け入れ、自動化に挑戦したのである。その結果、生産効率が30%向上し、生産コストは20%低下したという。

　横井製作所のトップである横井社長は、先を見据えた挑戦的な意志決定を行い、防衛型のプロアクティブ型フォロワーシップを発揮したと言える。マイルズとスノウの言うように、しっかりと戦略選択を行ったのである。ただ、トップの意思決定だけでこのような成果は出なかったであろう。経営者がプロアクティブ型の行動を選択したとき、組織内部のフォロワーたちもまた、プロアクティブ型フォロワーシップを発揮する必要があるからである。事実、横井製作所では、現場の自発性や主体性が高いという。横井製作所では営業や生産部門にノルマを課しておらず、従業員一人ひとりが、自ら考えて行動する風土が根付いているようである。従って、従業員は、自発的に改善を行うなど、先回りの行動が多い。従業員一人ひとりがグッド・フォロワーであり、プロアクティブ型フォロワーシップが発揮されているといえる。

　そしてそれを可能にしているのが、経営と従業員との間の対等な関係性と、それをベースとした信頼関係なのである。本ケースにおける自動化においても、興味深いのは、設備の稼働率を上げないようにしているところである。70%程度に抑えているとのことである。オペレーターの負担を減らすのが理由で、こうした点からも、フォロワーに配慮していることが伺える。プロアクティブ型フォロワーシップに対して、経営によるサーバント・リーダーシップが補完的に機能しているといえるのではないか。

② ケース2：友安製作所

　友安製作所は大阪府八尾市に拠点を置く、インテリアやDIY、内装商材の製造販売を主要事業としている企業である。もともとはカーテンフックなどの

線材加工品を扱っており、20世紀末頃までは堅調な経営を続けていたものの、21世紀に入ると経営が悪化し、先代社長の急病も重なって、大きな転機を迎えることになる。

　2004年に今の社長が入社してからは、インテリアの輸入販売事業を皮切りに、それまでの事業活動を一新していく。もともとはカーテンレールなど3種類の商材を扱っていただけであったが、事業が拡大していくなかで、商品ヴァリエーションを増やし、同時に事業の多角化を図ってきた。その中核となる事業が、EC事業、カフェ事業、工務店事業、メディア事業、レンタルスペース事業である。これらは一見、無関係に見えるものの、最終的にはインテリア商材の販売に結びつけようとしており、そういう意味では一貫性があるといえる。

　例えば、カフェ事業についてみてみよう。カフェ事業では、インテリアとDIYそしてカフェの融合をコンセプトとしており、内装自体を自社製品で全てコーディネートしているところがポイントである。そして、コーディネートした部分については、全て値札および二次元コードをつけており、ネット販売につながるようにしている。こうすることによって、飲食を楽しみながら、家具などの商品を直接肌で感じてもらえるようにしているのである。

　これらの取り組みは、探索型のプロアクティブ行動によるものと考えていいだろう。ECやカフェ、レンタルスペースといった事業は、自社製品を顧客にいかに認知してもらうか、提供している価値を顧客に伝えるための新しいルートやメディアを探索し、いわば先取りしているからである。商品自体の差別化というよりは、価値提供方法の差別化を図っていると解釈できよう。

　では、組織内部の行動はどうであろうか。組織全体の行動と合わせて、従業員の行動もプロアクティブ化しているのであろうか。この点に関しては、現時点では、未だ道半ばという評価が適切であるように思われる。前述のとおり、友安製作所はこれまで精力的に多角化を図ってきた。毎年のように新規事業が生まれていた時期もあったという。当然、従業員数は急激に増加し、加えて、

拠点の数も増えていった。組織管理が追いつかず、従業員の離職率が一時的に、30％以上にもなったようである。

　そこで友安社長の考えた取り組みの一つがニックネーム制度であった。従業員が少しでも働きやすい職場環境をつくることを目指して、まずは上下意識の払拭に取り掛かったのである。社長がアメリカの商社で働いていたこともあり、従業員全員をニックネームで呼び合うというのがこの制度の趣旨である。ただ、ここでニックネームと言っても、本名を連想させるようなものではないことが重要である。ジョンやボブなど、アメリカ人が使うようなニックネームを自らで考えて、それをいわば、ビジネスネームとして使用するのである。こうした取り組みが、ある意味、象徴的に機能し、他の様々な取り組みとの間に相乗効果が表れ始めているように思われる。2020年時点で、離職率は５％にまで低下したという。従業員たちが主体的に協力し合う姿も見られるようになってきた。プロアクティブ・フォロワーシップが生じるのは時間の問題ではないだろうか。

8 ｜　まとめ

　これまで本稿では、企業をオープン・システムとして捉えた場合、環境に対する組織の適応行動が、あくまでも経営者の選択に基づいていることを主張してきた。そのうえで、経営者でさえもが、環境に対してはフォロワーであり、フォロワーシップを発揮する存在であることを明らかにした。その後、松山（2018）と Miles & Snow（1978）を参考に、経営者のフォロワーシップ理論について検討した。その結果、生産性を向上させるためには、経営者および組織内のフォロワーによるプロアクティブ型フォロワーシップ発揮の必要性が示唆されたといえる。ただ、こうした議論はまだ緒についたばかりである。これからの研究蓄積が待たれる。

［参考文献］

Bennett, N. & Lemoine, G. J., "What a difference a world makes: Understanding threats to performance in a VUCA world", *Buiness Horizons*, 2014.

Burns, T & Stalker, G. M., *The Management of Innovation*, London: Tavistok Publications, 1961.

Chandler, A. D. Jr., *Strategy and Structure*, MIT Press, 1962.

（三菱経済研究所、訳『経営戦略と経営組織』実業之日本社，1967年。）

Child, J., "Organizational Structure, Environment, and Performance: The Role of Strategic Choice," *Sociology*, 6 , 1972, 1 -22.

Lawrence, P. R. & Lorsch, J. W., *Organization and Environment: Managing Differentiation and Integration*, Harvard University Press, 1967.

（吉田博，訳『組織の条件適応理論』産能大学出版部，1977。）

March, J. G. & Simon, H., *Organizations*, Wiley, New York, 1958.

（土屋守章，訳『オーガニゼーションズ』ダイヤモンド社，1977。）

松谷葉子「フォロワーシップの再構築―フォロワーの哲学を目指して―」『経営哲学』7 （1）、2010年、168-175.

松山一紀『次世代型組織へのフォロワーシップ論：リーダーシップ主義からの脱却』、ミネルヴァ書房、2018年。

Miles, R. E. & Snow, C. C., *Organizational Strategy, Structure, and Process*, McGraw-Hill, Inc., 1978.

（土屋守章・内野崇・中野工，訳『戦略型経営：戦略選択の実践シナリオ』ダイヤモンド社，1983。）

大月博司「組織の適応、進化、変革」『早稲田商学』第404号、2005年 1 -25.

Thompson, J. D., *Organizations in Action*, McGraw-Hill, New York, 1967.

（高宮晋，監訳『オーガニゼーション・イン・アクション：管理理論の社会科学的基礎』同文舘出版，1987。）

Uhl-Bien, M., Riggio R. E., Lowe, K. B. & Carsten, M. K., Followership theory: A review and research agenda, *The Leadership Quarterly*, 25, 2014, 83-104.

占部都美編『経営学辞典』中央経済社，1980。

Weick, K. E., *The Social Psychology of Organizing*, Addison-Wesley Pub. Co., 1969.

（遠田雄志，訳『組織化の社会心理学〔第 2 版〕』文眞堂，1997。）

Woodward, J., *Industrial Organization: theory and practice*, Oxford Univ. Press, 1965.
　（矢島釣次・中村寿雄訳『新しい企業組織』日本能率協会，1970。）

2 人事革新による生産性向上

安田　弘

公益財団法人関西生産性本部　事業部担当部長・経営コンサルタント

1 ｜ 人事管理と生産性向上

　人事管理面の革新によって、生産性向上を実現するには、大まかには以下の4つの考え方がある（図表3‐2‐1参照）。

・A：投入量を下げるが、産出量は変わらない。
・B：投入量はそのままで、産出量を上げる。
・C：投入量を下げ、かつ産出量を上げる。
・D：投入量を上げるが、それ以上に産出量を上げる。

　Aは、投入量（人員・労働時間）を削減しながら産出量を維持するアプローチである。Bは、投入量を維持しながら、各人材の能力、スキルを向上させる（能力の増大）か、業務の標準化や効率化（負荷の減少）によって産出量を増加するアプローチである。Cは、設備投資、情報化投資などによって人員・労働時間を削減しつつ大幅に産出能力を向上させて産出量を増加させるアプローチである。Dは、人員・労働時間を増加させながら産出量を一層増加させるアプローチである。

　Aのアプローチは、事業継続のための当面のスリム化、縮小均衡策であり、長く続けることは難しく、Cのアプローチは、大規模な設備投資の実施、Dのアプローチは、大幅な人員・労働時間の増加などを伴い、いずれも多額の

図表 3-2-1　人事管理面における生産性向上策の選択肢

	A	B	C	D
産出量 （仕事量）	→ 維持	↗ 増加	↗ 増加	↗ 増加
投入量 （人員・労働時間）	↘ 減少	→ 維持	↘ 減少	↗ 増加
	人時生産性 省力化	能力開発 効率化・標準化	設備投資 情報化投資	増員

出所：日本生産性本部（2009）『中小企業モデル賃金制度　整備・改善マニュアル』

キャッシュフローが必要であり、全社戦略レベルの意思決定や方向づけが前提となる。よって、本節で扱うのは、現有の人材でいかに生産性を向上させていくかという視点から考えていくBのアプローチに重点を置くこととする。

　ただし、Bのアプローチは、人材確保が難しくなり、人員減少局面で産出量を維持するAのアプローチや一層の産出量増加のために必要な人員を確保して対応するDのアプローチを可能としていく備えとなることに留意されたい。

　さて、4つの考え方で例示した生産性の算式は、産出量（OUTPUT）÷投入量（INPUT）であるが、人事管理面での生産性指標としては、より計測可能で検証できる公式に置き換える必要がある。人事管理は、人材（ヒト）投資の有効性が重要であるため、指標としては、「労働生産性」（従業員1人当りの付加価値額）が適切である。「労働生産性」の算式は以下の通りである。

（労働生産性）＝（付加価値÷従業員数）

　　　　　　　＝（付加価値÷人件費）×（人件費÷従業員数）

　この「労働生産性」の自社の実績を算出し、自社の実績が時系列でみて増加傾向にあるか、業界平均や競合他社と比べて優位性があるかを例として検証するのである。

　つまり、人事管理面の生産性とは、人材に対しての投資（人件費）を行い、その人材がいかに投入相応以上の新たな価値を創出できるかをマネジメントし

ていくということであり、その面での革新が生産性向上のための人事革新である。本節では、労働生産性向上のための人事面での革新、特に人事革新のカギを握る人事制度改革の進め方とその内容を取り上げる。

2 ｜　日本の人事・雇用管理の変容

1　近年の人事・賃金制度の推移

　賃金の種類を大きく以下の３種類に区分して管理職、非管理職別に導入率の推移を日本生産性本部の日本的雇用・人事の変容に関する調査報告（2019年調査）を参照して、賃金制度の変容からみていく。

（賃金の３種類）
・役割・職務給：役割・職責あるいは職務の価値を反映している部分
・職能給：職務遂行能力の高さを反映している部分
・年齢・勤続給：年齢や勤続年数を反映している部分
（参考）能力主義と成果主義
　　賃金－労働力対価－能力主義－年齢給（生活能力）
　　　　　　　　　　　　　　　　－職能給（職務遂行能力）
　　　　　　　　　　＊格差小、定昇あり、降給なし
　　－労働対価　　－成果主義－職務給、役割給、業績給など
　　　　　　　　　　＊格差大、定昇なし、降給あり
　出所：楠田丘（2010.3）『賃金テキスト（改訂９版）』（経営書院、13頁）

　管理職においては、役割・職務給の導入率が増加してきており、2019年では、78.5％の導入率となっている。職能給は減少傾向で57.8％の導入率である。
　非管理職においては、職能給がやや減少傾向ではあるが、2019年では、

図表3-2-2　賃金制度（体系）の導入状況の推移　　　　（%）

区分	体系	2009年	2013年	2016年	2019年
管理職	役割・職務給	70.5%	76.3%	74.4%	78.5%
	職能給	69.9%	69.2%	66.9%	57.8%
	年齢・勤続給	27.3%	25.6%	24.8%	23.5%
非管理職	役割・職務給	51.1%	58.0%	56.4%	57.8%
	職能給	80.9%	81.1%	82.7%	76.5%
	年齢・勤続給	59.1%	62.3%	49.6%	47.1%

出所：日本生産性本部（2020）『日本的雇用・人事システムの現状と課題 2019年調査』

図表3-2-3　賃金の組み合わせ（2019年）　　　　（%）

組み合わせ	管理職	非管理職
役割・職務給のみ	①31.4	④10.8
役割・職務給＋職能給	②30.4	②17.6
役割・職務給＋職能給＋年齢給	③16.7	①27.5
職能給のみ	④ 5.9	⑤ 8.8
職能給＋年齢・勤続給	⑤ 4.9	③12.7
年齢・勤続給のみ	⑥ 2.0	⑥ 4.9

出所：日本生産性本部（2020）『日本的雇用・人事システムの現状と課題 2019年調査』

76.5%の導入率となっている。役割・職務給については、右肩上がりに増加して、57.8%と6割近くになっている。年齢・勤続給は一貫して導入率が低下し、47.1%となっている。

　属人的で自動的に昇給する年齢・勤続給の導入率が大きく低下し、次いで職務遂行能力の向上によって昇給する職能給についても減少傾向となった。変わって上昇してきたのが、役割・職務給であり、近年よく取り上げられるジョブ型雇用（あるいはジョブ型人事）が話題になるなど、仕事を基軸とした雇用や賃金が一般化しつつあることがうかがえる。ここでいうジョブ型とは、役割・職責および職務の価値など仕事基準を重視した雇用・人事システムのことである。

　ただし、1つの賃金体系ですべて統一されているわけではなく、管理職においては、①役割・職務給のみ（31.4%）、次いで②役割・職務給＋職能給（30.4%）、非管理職では、①役割・職務給＋職能給＋年齢給（27.5%）、次いで②役割・職務給＋職能給（17.6%）が多く、複数の賃金体系を組み合わせる併存型の賃金体系が多く、自社の状況に応じた賃金体系、賃金の組み合わせの仕組みを構築していることがうかがえる。

2　近年の人事施策の内容と生産性向上効果

　働き方改革の推進に合わせて、各社の働き方の見直しのための施策導入率と各施策の生産性向上効果に関する調査結果（図3-2-4）がでている。これによると、生産性向上で効果が大きい取り組みの上位は、①管理職に対する部下へのタイムマネジメント評価（65.6%）、②ノー残業デー（62.8%）、③フレックスタイム制度（59.8%）であり、①は導入率が低く17.6%であるが、②の導入率は67.6%、③の導入率は53.9%と高い導入率でかつ導入効果も大きいという結果となっている。①、②は他動的にムダな時間を使わないようにした結果の効果であるが、③のフレックス、⑤のテレワーク（在宅勤務以外）、⑥の在宅勤務においては、50%以上が、生産性向上効果があるとの認識が確認でき、自律的な働き方、時間の使い方のできる施策によって、生産性向上効果が出てきていることがわかる。自律的な働き方が可能な施策の導入率の高まりにより、今後一層の生産性向上効果が期待できるものであり、人事制度改定や人事施策の推進にあたっては、考慮すべき視点である。

　社員の自律/自立を基本として、テレワークの推進とその定着によって、一層の生産性向上を実現している好事例としては、後述4章3節の日本ベーリンガーインゲルハイム株式会社の事例が参考となるのでご参照いただきたい。

図表 3-2-4　働き方の見直しにつながる施策導入率と生産性向上効果　　（％）

施策内容	導入率	生産性向上効果		
		大いに効果＋やや効果	大いに効果	やや効果
①管理職に対する部下への タイムマネジメントの評価	17.6	65.6	17.6	48.0
②ノー残業デー（ウィーク）設定	67.6	62.8	11.8	51.0
③フレックスタイム制度	53.9	59.8	20.6	39.2
④管理職自らの年休取得徹底	36.3	57.8	12.7	45.1
⑤テレワーク制度（在宅勤務以外）	21.6	54.9	11.8	43.1
⑥在宅勤制度	37.3	52.0	9.8	42.2
⑦勤務インターバル制度	11.8	45.1	5.9	39.2
⑧短時間正社員制度	24.5	42.2	10.8	31.4
⑨朝型勤務（始業時間繰上げ）	11.8	36.2	7.8	28.4
⑩専門業務型裁量労働制	17.6	27.5	5.9	21.6
⑪企画業務裁量労働制	5.9	27.5	5.9	21.6

出所：日本生産性本部（2020）『日本的雇用・人事システムの現状と課題 2019年調査』

3　組織における人事の基軸（仕事基準・人基準）の捉え方

　組織は、有効に機能するために、意思決定の階層である「職位」を設定し、その「職位」には、「役割」として責任と権限が割り振られる。その「役割」を果たすための手段が「職務」である。「職務」は、これ以上分割分担できない単位の「課業」の集合体で構成されている。組織上の「職位」、または「役割」の段階に応じて人材に期待する熟練度別の職務遂行能力が「職能」である。人事の基軸を「仕事基準」として、「役割」、「職務」を重視するのか、「人基準」として「職能」を重視するのかによって、等級制度に違いが生じ、等級制度の違いが賃金をはじめ、関連する個別の制度にも違いが生まれる。本節での組織における職務に関連する用語として、職種、職群、職掌の概念は、図表3-2-5を参照いただきたい。

図表 3-2-5　組織における職種、職群、職掌

（職務）─ 職種 ─ 職群 ─ 職掌

職種	職務より広い概念で、同じ仕事の種類によってタテ割り区分したもの。事務系では、総務職、人事職、経理職、技能系では、組立職、加工職、検査職などをいう。
職群	同じような程度の能力や責任を必要とする職務をヨコに大ぐくりしたもの。一般職、監督職などがこれにあたる。
職掌	職種を大きくグルーピングした概念で、組織全体の仕事をその種類や系統によって大ぐくりしたもの。事務職掌、販売職掌、技術職掌などがこれに該当する。

出所：村田多嘉治（1990）『格付基準書とつくり方』（経営書院、468頁）を参考にして筆者作成。

　以上を踏まえて、経営、組織をあるべき姿の実現に向けた労働生産性の向上を目標とする新時代の人事制度改革について、その推進方法や改革内容および適用事例について解説していくこととする。

3 ┃ 労働生産性向上のための人事革新（人事制度改革）

1　人事制度改革の進め方

・ステップ1：自組織の人事制度の現状診断（財務、制度、組織風土）
・ステップ2：新人事制度の基本構想の策定（人事の基軸・考え方）
・ステップ3：新人事制度の改革案作成（個別制度：等級、評価、賃金等）
・ステップ4：新人事制度の確定（諸規程作成、従業員への説明・教育）
・ステップ5：新人事制度の導入と定着（制度の周知、運用課題の対応）

　通常は、人事総務部門（あるいは管理部門）が中心となり、経営企画部門や事業部門の代表者、職場代表者（労働組合役員、従業員代表の参画の場合もあり）出席のもと、専門のプロジェクトを編成し、外部専門家（コンサルタントなど）の助言・指導のもと推進していく。

1）ステップ1：自組織の人事制度の現状診断（財務、制度、モラール）

　人事制度の診断には大きく3つの項目について、現状分析を行うこととしている。まず、前提としては、人事制度改定の背景と改定目的（Why）を確認する。人事制度は、その時代背景によって、主流となる人事システムの流行のようなものもあるが、まずは、自組織の経営戦略（中長期経営計画など）、組織・人事戦略（人事・人材ビジョンなど）から人事制度の改定や再構築を意図することが重要であり、制度改定の推進に至る背景や改定目的を明確にしたうえで、進めていくことになる。

　そのうえで、1つは、財務（生産性）分析である。生産性のなかでも労働生産性や労働分配率などは人事管理面の生産性に関する重要な指標であるので、直近3カ年の決算書（損益計算書、売上原価の明細、販売費および一般管理費の明細、期末従業員数など）から生産性の分析を行う。自組織での時系列の傾向（悪化・維持・増加）、業界標準と比較しての良否（高い・低い）などを検証するのである。

　2つめは、人事制度の基本となる等級制度、評価制度、賃金制度、賞与制度、退職金制度などについて、現状の各制度内容とその運用ルールについての実態と課題を把握して整理する。

　3つめは、モラール（またはモチベーション、エンゲージメント）の調査・分析である。既に、従業員からの意見聴取や定期的な意識調査において、組織のモラールの現状把握がなされている場合には、参考とさせていただく。そうでない場合には、組織の意向を確認したうえで、調査させていただくようにしている。この分析については、その時の状況に応じて実施の可否を判断する。以上の人事診断の3つの点検項目とそのポイントの詳細は図表3-2-6をご参照いただきたい。

図表3-2-6-① 人事制度診断の点検ポイント（1）

診断項目（例示）	点検ポイント（例示）
前提：制度改定の目的・背景	経営・組織・人事戦略などから人事制度改定が検討されるので、目的・背景（Why）を確認
1）財務（労働生産性）分析	
・労働生産性	付加価値÷従業員数＝｛1人当り人件費（＝人件費÷従業員数)×人件費生産性（＝付加価値÷人件費)｝
・人件費生産性	付加価値÷人件費＝｛1÷労働分配率（＝人件費÷付加価値)｝、総額人件費投入に対する付加価値
・1人当り人件費	人件費÷従業員数、1人当りの人件費水準を表しており、従業員数分かけると総額人件費となる
2）人事制度分析	各制度（What）をどのように（How）改革する必要があるかを確認
【等級（格付）制度】 ・等級の基軸（縦区分）	職能、職務、役割、成果
・人材・役割・職種（横区分）	総合職・一般職、管理職・専任職・専門職、営業職・事務職・技能職・技術職
・雇用・就業区分	無期・有期（嘱託、契約、パートなど）、無限定・限定（職種、労働時間、勤務地など）
・昇格（級）・降格（級）判定	人事評価、試験、資格、研修、面接、役割（責務）評価・職務評価による再格付け
・自己申告	あり（申告内容、申告タイミング、申告後の対応）、なし
【評価制度】 ・評価要素	態度、能力（保有・発揮）、行動、成績、業績
・評価要素ウエイト付け	等級・職種・役割の相違による各要素の割合、プロセスと成果の割合
・評価段階	標準ありの奇数（3・5・7段階）、標準なし偶数（2・4・6段階）
・総合評価の判定	総合点数でレベル判定、個別評価を総合判断
・評価決定プロセス	本人、1次、2次、合議・調整、最終に至る決定プロセス
・評価面談プロセス	目標設定面談、中間評価面談、フィードバック面談
・評価の処遇反映	昇給・降給、賞与・一時金、退職金、昇格・降格（昇進・役割交代・配置）、能力開発・人材育成

（筆者作成）

図表3-2-6-②　人事制度診断の点検ポイント（2）

診断項目	点検ポイント
【賃金制度】 ・賃金の点検項目	体系、水準、バラツキまたはメリハリ、賃金総額・昇給額の原資管理方法
・基本給の体系	単一型、併存型
・基本給の構成要素	属性（年齢給）、能力（職能給）、職責・職務（役割給、職務給、職種給）、成果・結果（成果給、歩合給）
・基本給の要素別割合	併存型の場合の各構成要素別割合の高・低
・賃金テーブル	開差型、接続型、重複型（下位職位者＞上位職位者の逆転有無に注意）
・昇給・降給方法	積上げ方式（持分＋加算）、洗い替え方式（リセット）
・昇給・降給の管理	絶対額管理（号俸表等の賃金テーブル管理）、昇給・降給額管理（査定昇給テーブル管理）
・諸手当の種類・内容	手当種類区分（職務関連・生活関連、固定支給・変動支給）、手当支給基準（支払い根拠）
【賞与制度】 ・支給の考え方	利益分配、功績報償、慣習的給与、生活補給金、賃金後払い
・配分の性格	生活保障（固定的）配分、業績成果（変動的）配分
・支給額の算式	（算定基礎）×（組織業績：支給係数）×（個人業績：成績係数）×（出勤係数）
【退職金制度】 ・支給の考え方	功労報償、生活保障、賃金後払い
・支給額の算式	（算定基礎）×{（勤続年数係数）＋（在職功労係数）}×（退職事由別係数）
3）モラール分析	社員満足度調査、社員意識調査などによって、モラール、勤続意思、人事制度の有効性を確認

（筆者作成）

　また、人事制度の診断にあたり、各項目の判断の根拠とする理論的背景として、参考となる5つの考え方を挙げておくのでご活用いただきたい。

【人事診断の参考となる5つの考え方】

（参考①）人事制度構造図

　人事制度は、各個別制度がリンケージしているので、経営とのつながりと各制度の関連性を考慮してトータルとして設計する必要がある。

人事制度構造図

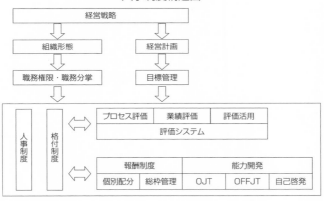

（筆者作成）

（参考②）職務満足（職務特性モデル）

　仕事の有意味感、責任の認識、仕事の把握感を高めることが、職務満足やパフォーマンスの向上を促進する。

職務特性モデルの図式
（ハッグマンとオルダムの考え方）

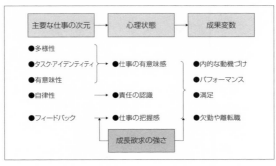

（参考③）期待に応じた報酬理論（期待理論）

　正しい役割認識のもと、努力した対価として期待する報酬が得られるように報酬設計することが、次の努力の引き出しに効果がある。

期待理論のポーター＝ローラー・モデル

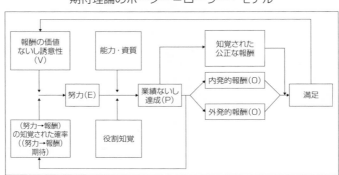

（参考④）仕事の相互依存度と報酬の差別性の関係

　仕事の相互依存度の状況により、報酬の格差の大小が本人の納得性に影響を与えることに留意して、報酬設計をする必要がある。

仕事の相互依存度と報酬の格差の関係

	低　相互依存度　高	
小 報酬の格差	不　満	満　足
大	満　足	不　満

低　相互依存度　高

（ミラーとハンプリンの考え方をもとに筆者作成）

(参考⑤) 生産性向上成果の公正分配

生産性の三原則の１つに「成果の公正配分」があり、労働側、経営側、消費者・社会のいずれが一方に分配が偏らないよう留意する。

生産性向上成果の公正分配

生産性向上成果の公正分配	労働側	・所得（賃金等）
		・能力開発
		・仕事と生活の両立
	経営側	・株主への配当
		・役員報酬
		・将来のための蓄積・留保
	消費者・社会	・顧客満足度の向上
		・製品・商品価格の引き下げ
		・税金の支払い
		・地域社会への貢献
		・地球環境の維持

出所：日本生産性本部（2012）『生産性革新と社会経済の未来』（55頁）

２）ステップ２：新人事制度の基本構想策定（人事の基軸・考え方）

人事診断の前提として、人事制度改定の目的や背景を確認する段階で、ある程度の方向性が明示されている場合もあるが、あらためて、人事制度の個別の仕組みを再設計していく前段階として、人事の基軸をよく吟味、検討しておく必要がある。この人事制度改革のための方向性（概要設計ともいえる）に沿って個別制度の詳細設計に入るのが重要である。

人事制度の設計思想は大きく「人」基準と「仕事」基準の二種類に区分されるので、まずは、各基準の制度面の特徴を以下に示す。

① 「人」（年齢、勤続、能力など）基準の人事制度

・基軸：職能資格制度（職能等級制度）

　　　　通常は、職務調査を行い職能要件を抽出して職能等級基準を作成

・昇格・昇進：職務遂行能力の高まりで昇格、昇格と昇進は非連動

・賃金：基本的賃金は職能給、定期昇給は原則あり

・評価：能力評価、態度評価、成績評価（仕事の質・量）が中心

・異動：柔軟（容易）

②仕事（役割・職務）基準の人事制度

・基軸：役割等級制度または職務等級制度

　　　　通常は組織の役割や職務の困難度・複雑度の評価を行い、役割基準書
　　　　や職務等級基準書を作成

・昇格・昇進：分担する役割、職務の高まりで昇格、昇格と昇進は連動

・賃金：基本的賃金は役割給（職責給）や職務給、定期昇給は原則なし

・評価：分担する役割、職務に応じた目標管理による成果評価が中心

・異動：役割基準では役割交代として柔軟、職務基準では硬直的

　各々の人事制度には、長所・短所があり、それに適した状況がある。①の人
（属性・保有能力）基準は、安定した経営環境＝市場は成長段階もしくはある
程度の予測可能な伸びを示し、内部の人材は市場の成長とともに新陳代謝（例
えば、労務構成でいえば退職者より新規入社員が多いかバランス）している際
などに適する。内部の安定を維持して成長を阻害しない人事制度として、安定
成長期に適合する。これは、成長過程の組織に内部管理を加えて一定の管理水
準を担保しようとするものである。

　一方、②の仕事（役割・職務）基準は、成熟した経営環境＝市場は成熟段階
もしくは予測困難で見通しは不透明、市場の成熟とともに停滞（労務構成は退
職者が新規入社を上回り高齢化やいびつな状況）となっている際に適する。組
織の機能分担として要求される役割を配置される人材に求めて、その役割の遂
行に応じた成果や貢献を求める制度であるからである。ただし、仕事基準にも
細かくは2種類ある。職務明細と職務の評価による旧来の欧米型の職務基準人
事は、管理を厳格化するのには役立つが、過剰になれば革新を阻害しかねない
制度となる。そこであらかじめ定められた職務そのものへの縛りを薄めて、組
織機能と責任の分担（役割・職責）にフォーカスした日本型の役割基準人事制

度（役割等級制度）の方が柔軟に運用できる。

　職能、職務、役割の３つの等級制度の特徴比較は、図表３−２−７をご参考とされたい。

図表３−２−７　各等級制度の比較

職能等級制度	非ジョブ型	考え方	処遇は、「社員の能力水準」によって決定
		等級制度	社員の能力の発展段階を職能等級として区分して、社員を格付け
		等級数	９〜15等級程度、非管理職の等級が多くなる傾向あり
		賃金比較	能力は外部と比較することが困難で、ポイント年齢での比較が一般的
		長所	能力開発への動機づけを促進することができる
			人事異動、役職交代に柔軟に対応しやすい
		短所	能力の見える化は難しく、経験年数を中心に年功的になる傾向がある
役割等級制度	ジョブ型（広義）	考え方	処遇は、「組織が設定する役割や職責の大きさ」によって決定
		等級制度	役割や職責の大きさに応じて役割等級を区分して設定
		等級数	６〜９等級など、職能等級より大括り、管理職の等級が多くなる傾向あり
		賃金比較	外部市場との比較は通常行わないが、役職別賃金と比較する場合あり
		長所	仕事（役割、職責）に応じた処遇の考え方を保持して職務による硬直性を回避
			賃金の自動昇給を抑制しつつ役割の大きさを維持して職務や職種の変更可能
		短所	役割によって賃金が変わることがあり、役割交代に支障の可能性あり
職務等級制度	ジョブ型（狭義）	考え方	処遇は、「職務の価値の水準」よって決定
		等級制度	職務分析、職務評価を実施して序列格付け
		等級数	15等級以上など、等級は多段階となる傾向あり
		賃金比較	外部市場との整合性を勘案して決定
		長所	市場の賃金水準を意識した処遇の決定
			原則、上位等級に上がらなければ昇給なし、賃金の自動昇給を抑制可
		短所	職務によって賃金が変わることがあり、人事異動に支障の可能性あり

（著者作成）

　さて、「人」基準の「職能」と「仕事」基準の「職務」、「役割」という３種類の視点から、どの基軸を選択して制度設計するかに関して掘り下げて解説してきたが、より上位での分類基準として、「職種」という概念がある。同じ種類の「職務」をとりまとめて区分したもので、かなり大括りした場合の例示と

しては、営業職、技術職、技能職、事務職などの表現になる。「職種」を基準
した人事制度を運用しているのは主として「欧州」であり、「米国」では「職
務」基準、日本では「人（社員）」基準である。各国の雇用慣行（図表3‐2‐
8）および雇用態様別の人事・賃金制度（図表3‐2‐9）の比較が参考とな
る。「米国」においては、企業は職務分析、職務評価を行い、「仕事」をきちん

図表3‐2‐8　国の雇用慣行の特徴（人と企業の結びつき）

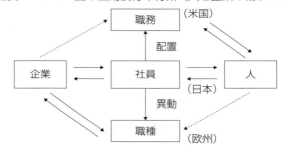

出所：楠田丘（2010）『賃金テキスト（改訂9版）』（経営書院、192頁）

図表3‐2‐9　雇用態様別の人事・賃金

対象労働者	人事・賃金の基準	人事・賃金の要件
通常社員	「社員基準」人事・賃金	社員資格制度
		社員給
		社員教育・キャリア形成
		能力評価・アセスメント
パートタイム労働 アルバイト	「職務基準」人事・賃金 （米国型）	職務等級制
		職務給
		職務訓練
		成績評価
専門的職種	「職種基準」人事・賃金 （欧州型）	職種別熟練度別等級制
		職種給
		職種教育
		業績評価

出所：楠田丘（2010）『賃金テキスト（改訂9版）』（経営書院、193-195頁）をもとに筆者作成

ときめたうえでその仕事に人をつける形で人を採用する。企業と人は職務を媒体として結びつき、「企業意識」より「職務意識」が大切である。「欧州」では、労働者は、自らの「職種分野」を決め、その分野の修得、習熟に努める。企業は、その「職種」において「職能」を求めて雇用する。社会的には職種別の労働市場、労働組合が形成されており、企業と人の結びつきは「職種」が媒体となる。

　近年、日本で話題となっているジョブ型人事またはジョブ型雇用は、主として「職務基準」人事・賃金（米国型）を基本とした制度のことであり、通常社員に職務基準を適用・拡大しようというものである。日本において、普及した人基準の職能資格制度は、「職種基準」人事・賃金（欧州型）の職種別熟練度別等級制度を日本流に取り入れたものである。

　ステップ３のまとめとして、自組織の人事政策から、適合する人事管理を選択する際に、「人」基準としての「A：能力重視の人事制度」とするか、「仕事」基準としての「B：仕事重視の人事制度」とするかの適合を判断する視点について、図表３-２-10に示すので、参考としていただきたい。

図表３-２-10　企業の人事政策と適合する人事制度

視点	A：能力重視の人事制度	B：仕事重視の人事制度
雇用期間	長期雇用志向	短期雇用、流動的雇用
能力開発	会社が支援する	自己責任で行う
経営・事業の方向	成長・拡大業種向き	維持・安定業種向き
職務内容	複雑・非定型	単純・標準的
市場ニーズの変化	大きい	小さい
賃金制度（基本給）	職能給が代表的	職務給が代表的
対象企業	社員の育成と定着を通じ、中期的な貢献を求める企業	欠員補充が主で、職務を標準化して管理したい企業
対象者	若手・中堅社員などが中心	高齢社員やパートタイマー、高度専門社員が中心
整備条件	職能資格制度、評価制度の整備	職務分析・職務評価と職務等級制度の整備

出所：日本生産性本部（2009）『中小企業モデル賃金制度　整備・改善マニュアル』

　後述 4 章 1 節の企業事例の株式会社横井製作所は、コア技術をもとにした製造業であり、B（仕事重視）を主軸として、管理職層は、役割重視、非管理職では職務重視の制度で運営されている。4 章 2 節の企業事例の株式会社友安製作所は、常に新たなビジネスモデルを創造して成長・拡大しており、スタッフの柔軟な配置転換などもあり、A（能力重視）を主軸として、行動指針に基づいた評価を行いながら、役割、職務も組み合わせた制度で運営されている。各企業の適合状況に応じて制度が適用されていることに留意されたい。

3）ステップ 3：新人事制度の改革案作成（等級、評価、賃金等）

　人事の基本構想策定の段階で基軸とした考え方を大きな方向性とし、人事診断での重要課題をも踏まえた新人事制度の改革案作成に向け、個別制度の再設計に入ることになる。

　個別制度の詳細を記述するには紙面の制約があるため、多くの組織に広く普及して、運用を改善しながら継続している人基準の職能等級制度、今後の主力となると思われる仕事基準の役割等級制度や職務等級制度の 3 つの各制度別、および各制度共通での改定ポイントを中心に、これまでの人事制度から今後の人事制度への改革の方向性を図表 3 - 2 -11に示すので、参考としていただきたい。

　内容は、多様な業種・業態の人事制度改革を支援してきた筆者による指導実績と経験から重要度の高い項目を記載しているもので、一例ではあるが、自組織の人事制度改革を通じた生産性向上の取り組みに活用いただければさいわいである。要点としては、以下のとおりである。

　職能等級制度については、各等級の能力評価にあたり、各等級相応の職務の明確化が一層求められていくとともに、属人的給与である年齢給は一層縮減し、職務遂行レベルと厳格な連携による純粋な能力主義の職能給へシフトしていく。

　役割等級制度は、大括りの役割等級内の相違を区分して、等級、役割の定義書など役割の裏付けとしてのエビデンスが完備され、区分した役割を賃金・賞

図表 3 - 2 - 11①　人事制度改革の今後の展開

大項目	小項目	これまで	今　後
管理指標	労働生産性	・企業グループ、連結決算ベースで把握 ・産業計の標準値と比較	・セグメント別、事業単位別で把握 ・業種別の標準値と比較
	労働分配率	・総額人件費の対前年増加率を重視 ・生産性向上時に労働分配率が低下傾向	・総額人件費の付加価値に占める比率を重視 ・生産性向上時に労働分配率の維持を考慮
就業形態	働き方	・長時間労働是正のための一律的な時間短縮を重視	・自律的（自己選択）な働き方でWLBを重視
人事政策	基軸	・職能、役割、職務のいずれか1つの基軸で一律管理	・職能、役割、職務の複数基軸の併存型で多様な管理
等級制度	職能等級	・等級数が多い、能力要件・基準あいまい ・昇格は、経験年数、人事評価を総合的に判断 ・降格は通常なし	・等級数は短縮化、等級別職務基準の明確化 ・昇格は、人事評価を重視して判断 ・降格も設定
	役割等級	・管理職、専門職、専任職、監督職、一般職等の区分 ・役割等級の基準は職能等級の移行時の基準を準用	・従来の役割区分を部門別に役割（責責）で多段階化 ・役割（職責）基準書を完備して役割をより明確化
	職務等級	・社外公平性を重視したグローバル基準の職務評価 ・非管理職・管理職で異なる運用	・社内公平性を優先した独自基準の職務評価もあり ・高度専門技術者等の職務限定正社員で一般化
評価制度	職能等級	・態度、保有能力、成績の定性的評価が中心 ・管理職と非管理職ではやや異なる基準で評価	・職務基準に沿った発揮能力と目標達成を重視 ・職種、等級、役職・非役職で異なる基準で評価
	役割等級	・職掌別、等級階層別で異なる評価基準 ・プロセス・行動、目標管理項目の遂行状況で評価	・配置の部門、職種、等級により、異なる評価基準 ・役割貢献行動、目標達成度、業績・成果で評価
	職務等級	・管理職と非管理職では異なる基準で評価 ・等級の昇格のための基準が別途あり	・職種、等級（グレード）で異なる基準で評価 ・等級の昇格・降格のための基準が別途あり

（筆者作成）

図表 3 - 2 - 11②　人事制度改革の今後の展開

大項目	小項目	これまで	今　後
賃金制度 (主に基本給)	職能等級	・年齢給＋勤続給＋職能給（又は資格給＋成績給） ・降給は原則なく、自動昇給＋わずかな査定昇給 ・積上げ型中心、重複型の範囲給、青天井あり	・資格給（等級別に定額）＋能力給（査定昇給） ・自動昇給なし、査定昇給のみで降給設定あり ・昇給しないこと有、重複型の狭いレンジの範囲給
	役割等級	・等級別に一律の役割給＋役職（役割）手当 ・役職（役割）手当のみ差がある体系 ・積上げ型中心、重複型の範囲給	・役割別・等級別・職種系列別の役割（手当なし） ・役割別・等級別・職種系列別に昇給・降給幅に差 ・洗い替え型あり、接合型、開差型の範囲給
	職務等級	・社外公平性を重視したグローバル基準の職務給 ・非管理職・管理職で異なる運用 ・シングルレートまたは狭いレンジの範囲給	・社外に加えて社内公平性も考慮した職務給 ・高度専門技術者等の職務限定正社員で進展 ・非管理職は広いレンジ、管理職は狭いレンジの範囲給
賞与制度	共通	・生活補填、賃金後払い的支給 ・固定（最低保証）（比率大） 　＋変動（業績比例）（比率小）	・業績成果配分・利益分配的支給 ・会社業績係数（賞与原資総額÷算定基礎総額） 　×各自算定基礎×部門業績×個人業績×勤務係数
退職金制度	共通	老後生活保障、賃金後払い的支給 退職時基本給×勤続年数別係数×退職事由別係数	功労報償的支給 （役割・役職・等級別設定額×各貢献・功労年数） 　×退職事由別係数

（筆者作成）

与などの処遇によりきめ細かく反映していく。

　職務等級制度については、先行導入組織においては、さらに職種による細分化が進展し、これから検討する組織は、まずは適用可能な対象者（職務限定社員）から導入が進展していくことであると筆者は考えている。

　なお、人（能力）基準の人事制度の再設計に関して、自組織の職種に合致した職業能力基準を明確にする必要があるが、その関連情報が知りたい場合は、厚生労働省ホームページ内の「職業能力評価基準」をご参照されたい。また、仕事基準の人事制度設計に関して職務（役割）評価の方法についての情報が知りたい場合は、厚生労働省ホームページ内の「職務（役割）評価」をご参照されたい。人事制度に活用するための職務調査あるいは職務分析の具体論については、ここでは省略させていただく。なお、職務調査は、組織が求める「あるべき人材像」を明確にするために行うもので、職務遂行能力の洗い出しが主体の調査であり、仕事の難易度分類から能力を抽出する調査のことであり、主に職能等級制度で活用する。職務分析は、組織が必要とする「あるべき仕事」を明確にするために行うもので、職務を評価して序列価値づけを行う調査ことであり、主に職務等級制度で活用するものであることを申し添えておく。なお、自組織の職務（業務）の把握と生産性向上への活用方法に関しては、後述の3章3節にて、業務の見える化の一環として業務分析方法を解説しているのでご参照いただきたい。また、ITを活用して業務生産性を向上している好事例としては、後述4章4節の田辺三菱製薬プロビジョン株式会社の取り組み事例が参考となるのでご参照いただきたい。また、ステップ4、ステップ5について詳細説明は割愛させていただく。

② テレワークの進展における人事管理の留意点

　さて、今後の人事制度の改定や人事労務管理において、テレワーク（またはリモートワーク）の進展は、考慮すべき大きな要因となっている。2021年1月

22日付で発表された日本生産性本部が行った「働く人の意識に関する調査（第
4回）」によれば、テレワークの実施率が約20％程度となっており、今後もテ
レワークが定着して更に実施率が上がっていくことになると想定される環境下
において、労務管理上の課題として、以下の課題が上位にあがっている。

（参考）日本生産性本部（2021年1月調査、図41）

　　第1位：仕事の成果が適切に評価されるか不安（36.8％）

　　第2位：仕事振りが適切に評価されるか不安（29.3％）

　　第3位：オフィス勤務者との評価の公平性（28.9％）

　　第4位：業務報告がわずらわしい（26.9％）

　　第5位：上司・先輩から指導を受けられない（21.9％）

　人事評価に関する課題が上位3位を占めているのが特徴である。また、同調
査のなかで、望ましい人事評価の各要素の比重については、成果や業績：3.7、
仕事を行う能力：3.4、仕事ぶりや態度：2.9（計10.0）（同調査、図23）と
なっており、特定の評価要素に偏ることなく、バランスの取れた評価が望まれ
ている。

　以上より、今後の人事制度を検討する際には、これまで以上に人事評価制度
の重要性は高まっているといえる。各組織において、職能等級であろうと、職
務等級であろうと、格付けされた等級からの昇格・降格や設定された賃金から
の昇給・降給、個人業績を反映した賞与などを決定する大きな要素は人事評価
である。基軸である等級制度を定めたうえで、各従業員が、各自の人件費当た
りの付加価値（人件費生産性）を実現できたかについては、目標管理含めた人
事評価を通じて判断するより他はない。また、各自がその人事評価と評価に伴
う処遇反映に納得いくかどうかにより、モラールやモチベーションに大いに影
響する。人事評価と生産性を公式にしてみると以下のようになるのではないか。

$$生産性（個人）= \frac{OUTPUT（個人）：実現された成果とプロセス}{INPUT（個人）：期待された成果とプロセス}$$

（注）ここでのプロセスとは発揮能力、行動、取り組み姿勢などをいう。

　各自のポジション・賃金に応じた適正な目標設定、役割・職務分担と目標達成に向けて適正な役割・職務遂行行動、能力発揮、成果に関して、適正な評価ができれば生産性が高い状況となる。ジョブで雇用や賃金を決めるだけでは、INPUTの制約条件を多くしただけのことであり、テレワーク時代の労務課題が即座に解決するわけではない。いまこそ基本をしっかりと見つめなおすのが肝要である。前述の人事診断の人事評価に関するポイント、これまでと今後の人事評価制度の改定方向なども参考としていただき、生産性向上に寄与する人事評価制度へと転換されることを期待したい。

4 ｜ まとめ

　労働生産性の向上を目標として、目指すべき組織の理想の姿に近づくために、人事の基軸を選択し、現状の人事管理を点検し、人事制度改革（個別制度の再構築）を推進していく考え方や方法の1例を示してきた。しかし、どのような制度も長所、短所はある。これからの時代は、一律的な主義を全面導入することよりも、自組織の成熟度、業種・業態、職種・職務・役割、人材群の自組織の状況に応じて人事の仕組みを選択的に導入していくのが賢明である。

　最後に、新たな人事制度を導入しても、運用しだいでは意図した効果が実現しないことも生じるため、導入してからが重要であること、新たな制度は、その時点では最適でも内外の環境変化によって、更なる革新を迫られることもあることなども想定しながら、人件費の原資である付加価値を持続的に創造し、雇用の安定と付加価値成果の公正な分配により、更なる労働生産性の向上に取り組まれることを切に願うものである。引き続き、人事革新を通じた組織の労働生産性向上のために、微力ながら尽力して参りたい。

③ IT 活用による業務改革

中川　博勝

株式会社高木システム　西日本事業所　所長

1 | IT 活用による業務改革とは

　まず始めに、業務改革を行う「目的」を明確にする必要があり、組織の業務改革や経営にインパクトがなければ意味がない。

　企業にとって最も重要となる経営課題が経営層と合意がとれており、経営課題を解決するために、各組織の課題が明確にされ従業員と共有し、IT の活用を含め課題解決に向けた取り組みが求められる。

　主な取り組み方としては、下記の図表3-3-1を参考にされたい。

図表3-3-1　経営課題を解決するための業務改革・IT 改革プロセス図

2　業務改革にITを導入するメリット

業務改革にITを導入するメリットは、主に下記の２点である。

（１）業務処理のスピードアップ、情報収集速度の向上

（２）情報伝達速度の向上、情報格差の是正、ミスの減少

企業の体質を改善し、強い企業を目指すには、ITは便利な手段である。

現在の管理水準が低い場合には、部分的な導入でも、一定の改善効果を上げることはできる。（省力化やスピードアップなど）しかし、さらなる競争力強化を図るには、最終的には、オペレーション全体の業務の改革品質向上が不可欠である。

また、企業価値という観点からは、IT投資対効果も厳しく問われるようになる。

経営課題から業務課題・IT課題を定義・解決、及びIT活用の主な取り組み方としては、下記の図表３－３－２を参考にされたい。

図表３－３－２　経営課題から業務課題・IT課題を定義し解決するプロセス図

	実施フェーズ	実施目的	補足説明
1	経営課題の明確化 システム化テーマの策定	➢ 経営課題の明確化 ➢ システム化テーマの策定と社内周知	➢ TOPヒアリングの実施 ➢ 経営課題を明確にする ➢ システムテーマを策定する
2	現状業務の概要把握	➢ 現状業務の可視化	➢ 現状の業務の仕組みを可視化する
3	現状のIT環境の概要把握	➢ 現状のIT環境の可視化	➢ 現状のIT環境を可視化する
4	問題分析	➢ 問題点の導出 ➢ 業務ごとの課題定義 ➢ 現状システムの評価	➢ 問題の発生要因を分析し導出する ➢ 業務ごとの課題を定義する ➢ 現状システムの評価を行う
5	業務課題解決策の策定	➢ 業務課題·IT課題を解決	➢ 経営課題ごとの業務·IT課題を解決する

3 ｜ 経営課題の明確化とシステム化テーマの策定の取り組み

　始めに、経営層から「経営層の思い」のヒアリングによる把握、経営層による合意形成討議の中から経営課題を抽出し、優先度を付ける。

　また、関連する組織、業務を明確にしたうえで、業務の改革するための、業務課題を定義する、手段として必要とされるIT（システム）を明確にし、業務課題を解決するためのシステム化テーマを策定する。

　具体的な取り組み方としては、下記の図表3-3-3を参考にされたい。

　下記①～⑨の取り組みにより、重要経営課題の抽出と業務課題の定義、ITの課題より、システム化テーマを明確にする。

①：経営層で合形成した経営課題を記入する。

②：経営課題を解決するための業務の問題とITで効率化を図りたい業務の問題を記入する。

③：②を記入後、対象となる組織ごとに、「本質的な原因」を記入する。

④：③を記入後、本質的な原因に対して「業務課題」を記入する。

⑤：業務課題の対象となる組織・業務を記入する。

⑥：④の業務課題を解決するIT（システム）を記入する。

⑦：④⑥より、業務課題を解決するためのシステム化テーマを記入する。

⑧：④の業務課題ごとに優先度を記入する。

⑨：⑦のシステム化テーマを達成する希望納期を記入する。

図表3-3-3　経営課題の抽出とシステム化テーマ図

	経営課題	業務の困り（理由）	原因	業務課題	組織・業務	関連するシステム	システム化テーマ	優先度	達成納期
1	①	②	③	④	⑤	⑥	⑦	⑧	⑨
2									

4 ｜　現状業務の概要把握の取り組み

　組織ごとの業務プロセス・内容、業務間の情報の流れ、業務の改革の対象となる業務範囲を明確にすることが目的である。

　また、ほとんどの中小企業は現状業務に関してドキュメント化されていない。

（１）現状業務の概要把握にあたっては、「構造化分析手法」を利用する。

（２）現状業務の概要把握では、以下のドキュメントツールを使用する。

　①：業務機能階層図（図表3-3-4）

　②：業務機能関連図（図表3-3-5）

　③：組織と業務のマトリックス図（図表3-3-6）

①業務機能階層図の取り組み

　業務機能階層図は、ある業務機能をさらにいくつかの構成要素に分割して整理してゆくことが目的である。また、業務がどのような機能（仕事）からなるのかを整理して、業務機能関連図へとつなげる。

　インプット情報として、業務記述書とISO関連の成果物及び、インタビューによって作成する。

　取り組み方としては、下記の図表3-3-4を参考にされたい。

・業務を構成要素に分割して下層へ掘り下げる

・論理的には、それ以上分割できないという単位まで階層化する

　但し、客観的な基準の判定が難しい、あるいは作成に時間がかかるなどの問題もあり、現実的には、上位から3階層までに留める

・日常使用している言葉（共通言語）で定義する

図表3-3-4　業務機能階層図

1	購買	1.1	購買計画	1.1.1	購買指図受
				1.1.2	購買方針策定
				1.1.3	環境分析
				1.1.4	購買計画策定
		1.2	資材選定	1.2.1	資材選定指図受
				1.2.2	分析
				1.2.3	資材検査
				1.2.4	交渉
				1.2.5	値入
				1.2.6	確定
		1.3	資材発注	1.3.1	発注指図受
				1.3.2	分配
				1.3.3	発注
				1.3.4	発注エラー
				1.3.5	補充チェック

②業務機能関連図の取り組み

　対象とする組織・業務の範囲と、組織間の情報のつながりを確認することが目的である。インプット情報として、業務機能階層図（第1階層、第2階層）とインタビューによって作成する。

　取り組み方としては、下記の図表3-3-5を参考にされたい。

　・階層化した各業務機能間の情報の流れを整理して作成する

　・対象業務の範囲は網羅されている

　・情報に大きなもれがない

具体的かつ詳細なプロセスは別途、業務フロー図で表現する。

図表 3 - 3 - 5　業務機能関連図

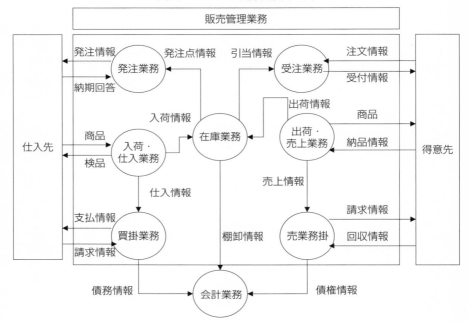

③組織と業務のマトリックス図の取り組み

　業務機能関連図では、機能と情報にフォーカスしているため、具体的にどの組織がどういう機能を担っているかを表現できない。そこで、各業務機能の具体的な実施区を整理する。これが、業務フロー図の基礎資料となる。インプット情報として、組織図と業務機能関連図及び、インタビューによって作成する。

　取り組み方としては、下記の図表 3 - 3 - 6 を参考にされたい。

図表3-3-6　組織と業務のマトリックス図

組織と業務のマトリックス図

業務機能		主な処理名	大阪支店	神戸支店	京都支店	営業業務	管理部	総務部
販売	見積	受付	○	○	○			
		仕様打合せ						
		見積書作成						
	受注	受付	○	○	○			
		在庫確認						
		受注処理						
		納期回答						
	出荷	出荷指示	○	○	○	△		
		伝票発行（出荷案内書）						
		ピッキング（コース分け）						
		出荷処理						
	売上（出荷＝売上）	売上処理	○	○	○	△		
		伝票発行						
		売上訂正・値引等						
	請求	請求確認処理					○	△
		請求書発行						
	回収	入金処理	△	△	△		○	
		回収管理						
	売掛	売掛管理					○	△

○：この業務が主な役割となっている部署
△：○を付けた補完関係のある部署

（3）現状業務の詳細把握の取り組み

　現状業務の概要把握が完了し、業務の全体像が整理できたら、必要に応じて具体的に業務（詳細）を整理する。

　現状業務の詳細把握では、以下のドキュメントツールを使用する。

　①業務フロー図

　②業務（ビジネス）ルール

③組織と業務ごとの帳票一覧表

取り組み方としては、下記を参考にされたい。

①現状業務フロー図の作成

現状業務の概要把握が整理できた後、必要に応じて具体的な業務のフロー図（現状業務）を作成する。例えば、複雑な業務、問題が多く含まれている業務、見直しが必要とされている業務など整理しておくとよい。作成方法については、業務の流れをひとつひとつたどれるように表記する。又、業務機能関連図とは異なり、具体的な帳票やIT（システム）の機能を網羅する。

②業務（ビジネス）ルールの作成

業務（ビジネス）ルールとは、業務フロー図で表現できない業務運用上のルールを明確にするものである。

現状業務フロー図と業務ルールとは補完関係にある。

③組織・業務ごとの帳票一覧表の作成

業務機能階層図を参考に、組織ごとに第一階層・第二階層レベルで現在資料している帳票類を整理してゆく。

よく手書き資料を無くしたいと相談を受けることがあるが、どこの組織、業務でどのような帳票が作成され、使用されているのか明確になっていないのがほとんどである。　特に、帳票類がシステムからの出力、手書き、EXCEL、WORDなどで作成されたものかを明確にする必要がある。また、出力のタイミングや誰がどのような目的で使用されているのか整理する。

5 ┃ 現状の IT 環境の概要把握の取り組み

　現状業務の概要把握が完了すると、次に現状の IT 環境の概要把握を行う。業務改革には、現状の IT を有効活用することが今や必要不可欠となっている。また、ほとんどの中小企業は現状の IT 環境に関してドキュメント化されていない。

　IT 環境の概要把握では、以下のドキュメントツールを参考にされたい。

　①ハードウェア一覧表

　②ソフトウェア一覧表

　③ネットワーク構成図

①ハードウェア一覧表の作成

　ハードウェアの構成や性能、運用状況及び管理状況を明らかにする。

　例えば、

　・製品情報

　・ハードウェアのタイプ（パソコン、サーバ、オフコン等）

　・メーカー名称（ハードウェアの製造メーカー）

　・製品名（ハードウェアの製品名）

　・型式（製品の型式（モデル））

　・利用目的

　・機能・性能情報（CPU タイプ、CPU 数、CPU クロック数）

　・メモリー容量

　・ディスク容量

　・OS 情報（OS 名称、OS のバージョン）

　・バックアップ（障害や災害などの破壊的行為が発生した際にハードウェアの可用性が確保されているかを把握する）

　・ディスクの可用性（ディスクの可用性に関する対策）

②ソフトウェア一覧表の作成

　ソフトウェアの構成や機能、管理状況や保守運用状況を明らかにする。

　例えば、

　　・システム情報（当該ソフトウェアを使用しているシステム名）

　　・製品情報（機能概要、種類、ベンダー名（開発元）、バージョン）

　　・ドキュメント管理状況（ユーザーマニュアルや、操作手順書などの有無、

　　　管理状況）

　　・保守状況（保守担当部署（またはベンダー）、保守内容）

　　・バックアップ（障害や災害などの破壊的行為が発生した際に、ソフトウェ

　　　アの可用性が確保されているかを把握する）

　　・ソフトウェア利用者数（ソフトウェアを利用している人数）

③ネットワーク構成図の作成

　ネットワーク構成や、管理状況等に関する状況を明らかにする。

　例えば、

　　・ネットワーク名称

　　・形態（ネットワークの形態：IP-VPN、100Mpbs イーサネットなど）

　　・ネットワーク構成図（当該ネットワークの構成を記載する）

　　・利用概要（どのような業務で利用されているかの概要）

　　・キャリア情報（キャリア会社名、契約条件）

　　・運用部門（ベンダー）外部委託の場合は委託先会社

　　・セキュリティ情報（ネットワークに関するセキュリティ対策の状況を明ら

　　　かにするための情報）

6 ｜ 問題点分析（現状業務の分析）の取り組み

　業務上の問題点を整理し、問題を引き起こしている本質的な原因を抽出し課
題定義することが目的である。問題点分析の主な取り組み方としては、下記の

図表3-3-7を参考にされたい。

　問題点分析に取り組む前に、問題と課題の認識について理解する必要がある。問題は、あるべき姿と現状の姿のギャップであり、課題は、ギャップを埋めるための施策でないといけない。課題をよく問題定義していることが多く存在する。下記の図表3-3-8を参考にされたい。

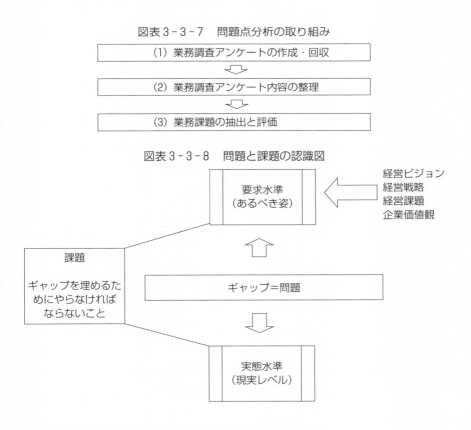

図表3-3-7　問題点分析の取り組み

（1）業務調査アンケートの作成・回収

（2）業務調査アンケート内容の整理

（3）業務課題の抽出と評価

図表3-3-8　問題と課題の認識図

要求水準
（あるべき姿）

経営ビジョン
経営戦略
経営課題
企業価値観

課題

ギャップを埋めるためにやらなければならないこと

ギャップ＝問題

実態水準
（現実レベル）

（1）業務調査アンケートの作成・回収の取り組み

①業務上の問題点を把握するには、組織ごとに業務に精通したプロジェクトメンバー（社員）が記入する。

②図表3-3-3の経営課題の抽出とシステム化テーマ図で定義された経営課題
　とシステム化テーマの実現を阻害する問題をアンケートに記入する。

③どこの組織の業務に問題があるかは、図表3-3-4の業務機能階層図と整合
　をとる。

④業務調査アンケートの作成方法は下記のとおりである。

　・最初に中央に、問題点を記入する

　・次に中央から左側に、問題点によって引き起こされる事について（影響）
　　を記入する

　・最後に中央から右側に、問題点が起きると思われる（原因）について記入
　　する

　　ここでは、多くの原因の中から本質的な原因を抽出することが重要とな
　　る。

（2）業務調査アンケート内容の整理

　回収された業務調査アンケートの内容を検討し、不明点を洗い出しヒアリン
グを行い、内容を明確化する。

　同じ問題は集約し、影響と本質的な原因を追究し、問題点整理表としてまと
める。

（3）課題の抽出と評価の取り組み

　抽出した本質的な原因を取り除くことが現状業務の主要な問題を解決する上
で重要となる。本質的原因を取り除くことを業務課題として設定する。

　注意事項として、

　・通常、業務課題は本質的原因を課題表現したものである

　・業務課題の表現については、図表3-3-8の問題と課題の認識図を参考に
　　記入する。

　インプット情報として、上記（2）の業務調査アンケート内容の整理の問題
点整理表とインタビューによって作成する。

　取り組み方としては、下記の図表3-3-9を参考にされたい。

　下記①〜⑫の取り組みにより、問題点とその原因、影響の関係を分析し、重要な問題点とそれを除去するための課題を明確にする。

　①：業務機能階層図（第1、第2階層）より対象業務を記入する。

　②③：業務課題整理表の主要な問題、本質的な原因を記入する。

　④：課題ごとに番号をふる。

　⑤：本質的原因を取り除くことを「業務課題」として記入する。

　⑥：それぞれの課題の効果を評価する。

　⑦：それぞれの課題の実現性を評価する。

　⑧：課題判断（重要課題、課題、課題としては必要なし）

　⑨：受容判断（この課題については、次の解決策へは進まない）

　⑩⑪：業務課題の達成度を測る評価基準を明確にする。

　　・現状値：定性的、定量的に具体的に記入する。

　　・目標値：達成したい目標値を定性的、定量的に具体的に記入する。

　⑫：アンケート作成部署・氏名を記入する。

（4）現状システムの評価表の取り組み

　現状システム化の評価を行う背景には、満足に自社のシステムを有効活用されている中小企業が少ないということにある。経営課題・業務課題を解決するために、現状システムが有効活用できるのか評価する。

　インプット情報として、図表3-3-9の業務改革テーマを実現するための業務課題整理表と「5　現状の IT 環境の概要把握の取り組み」の成果物及び、

図表3-3-9　業務改革テーマを実現するための業務課題整理表

業務	主要な問題	本質的原因	課題No.	解決課題	効果	実現性	課題判断	受容判断	現状値	目標値	アンケート作成部署
	①	②	③	④	⑤	⑥	⑦	⑧	⑨	⑩	⑪	⑫

インタビューによって作成する。

　取り組み方としては、下記の図表3-3-10を参考にされたい。

　下記①〜⑦の取り組みにより、現状のIT（システム）がどこまで有効活用でき、新たなシステム機能が必要とするITソリューションを明確にする。

　①②③：業務課題整理表より（優先度の高い業務課題より記入する）

　④：業務課題に対して対象となる現状システムを全て記入する。

　⑤：業務課題に対して対象となる現状システムの活用度を記入する。

　⑥：業務課題に対して現状システムで解決できる施策を具体的に記入する。無い場合は「特になし」と記入する。

　⑦：業務課題に対して、現状システムで解決できないが、新たなるIT,システム機能を導入することで解決できる施策を具体的に記入する。無い場合は「特になし」と記入する。

中小企業の多くは、大企業、中堅企業のようにIT投資予算が多くない。現在活用しているシステムを有効活用できるかが、大きなポイントとなる。

図表3-3-10　現状システムの評価表

対象業務	課題NO	業務課題	対象となる現状システム	現状システムの活用度（%）	現状システムでの解決策	新たに必要とするITソリューションとシステム機能
①	②	③	④	⑤	⑥	⑦

7 ｜ 業務課題解決策の策定の取り組み

　ここでは、業務課題を解決するため、３つの観点から具体的に解決策を考え記入する。（業務の観点、IT の観点、制度／組織の観点）

（１）業務課題を解決するための業務プロセスを考える。（業務の仕組み、業務の流れ）

（２）考え出した業務プロセスを効果的、効率的にするために IT システムで支援できることは何かを考える。

（３）新しい業務プロセス・IT システムを実現するために、制度・組織・その他の要件を考える。

　　・第１フェーズ　すぐできることをすぐやる（半年）

　　・第２フェーズ　頑張ればできること、早く結果の出ること（１年）

　　・第３フェーズ　じっくりやること、中期的なテーマ（１年以上）

　インプット情報として、図表３-３-９の業務改革テーマを実現するための業務課題整理表と図表３-３-10の現状システムの評価表及び、インタビューによって作成する。

　取り組み方としては、下記の図表３-３-11を参考にされたい。

図表3-3-11　業務課題解決策設定表（3フェーズプラン）

	対象業務	影響	問題	本質的原因

解決課題	

第1フェーズ（直ちに）	第2フェーズ（〇〇後）	第3フェーズ（〇〇後）
①業務ルール・プロセス改善による対応策	①業務ルール・プロセス改善による対応策	①業務ルール・プロセス改善による対応策
②システムで支援できる対応策	②システムで支援できる対応策	②システムで支援できる対応策
③制度・組織等・その他の変更が必要な対応策	③制度・組織等・その他の変更が必要な対応策	③制度・組織等・その他の変更が必要な対応策

　下記①～④の取り組みにより、解決策をスリーフェーズプランとして整理すると今後のIT投資計画が明確になる。

　①業務課題整理表の優先度の高い順から検討する。

　②目標値が達成できる施策を検討する。

　③問題に対する影響が無くなる施策を検討する。

　④まずは第1フェーズの施策を検討し、目標値や影響を考慮し、第2フェーズ、第3フェーズと施策を検討する。

　抽象的な施策でなく、具体的な施策を検討する。現場で実際に活動できるレベルまで掘り下げること。

（4）新業務モデルの作成

　①課題解決策の策定で採用した解決策を具現化する業務プロセスを図化することにより明確にする。

　②現状業務詳細の把握で作成した業務フローで変更・追加が生じるものは、新業務フロー図を新たに作成する。

　③業務機能関連図で変更・追加が生じるものは、新業機能関連図として新たに作成する。

　④組織と業務のマトリックス図で変更・追加が生じるものは、新業務関連図として新たに作成する。

8 ┃ 本節の重要なポイント

　経営と IT の融合により、IT を手段として利活用することで、経営課題・業務課題が解決され、生産性向上すなわち企業の継続的成長につながる。

　重要なポイントをまとめると下記のとおりである。

（1）経営層による経営課題の合意

　①自社の中期経営計画（経営課題）が経営層で合意できていること。

　②経営課題から関連する組織の課題が明確になっていること。

（2）経営課題に関連する対象業務の明確化と業務・IT の可視化

　①経営課題に関連する対象組織、業務が明確になっていること。

　②現状業務、IT 環境が可視化され、ドキュメント化されていること。

（3）組織・業務ごとの課題の明確化

　①経営課題に関連する組織・業務の課題が明確になっていること。

　②経営層で定義された課題と現場層の課題と連携されていること。

（４）組織・業務ごとの課題解決策の設定

　①業務、IT、制度/組織の観点で定義できていること。

　②業務課題の解決策が、関連する業務担当者が理解・運用できること。

（５）運用の定着と新たな課題の取り組み

　①業務課題解決設定表で定義した3フェーズプランに対して、定期的に運用
　　の定着度と効果をレビューすること。

　②新たな課題を業務課題整理表に再定義し、解決策を業務課題解決策設定表
　　の定義しレビューすること。

　最後に、業務改革を取り組むうえで IT を導入する場合、パッケージソフト
を導入すれば解決すると思われる中小企業に多いことが気がかりである。IT
が目的化してはならない。IT は業務課題を解決する「手段」であり、サポー
トツールにすぎないのだ。決して目的を見失わないことを敢えて記しておく。

第4章

企業事例から学ぶ
生産性向上

① 働きやすく生産性の高い企業・職場表彰
企業事例①
「会社も社員も元気になる
働き方改革」

横井　慎一

株式会社横井製作所　代表取締役社長

1 ｜ 会社概要

　当社は、京都府の宇治市でOA機器部品や自動車部品などの精密プラスチック射出成形部品の企画・製造・販売を行なっている。関連会社の（株）クリエは、その金型の製作をしている会社で、（有）ティーズは自動車向けの簡単なアッセンブリーを行っている会社である。全て同じ建屋にあり、一気通貫でのものづくりを行っている。従業員は、関連会社含めて103名という構成で、うち70%が女性である。製造業としては、比較的女性が多い職場であるが、創業当時から今と同様の女性比率でずっと運営している。

図表4-1-1　会社概要

【会社概要】

・企業理念

　『我々横井製作所は創造的なモノづくりを通じ、感謝・感動・喜びを共有し
　社会の発展に貢献する』

・会社概要

社　名	株式会社 横井製作所　YOKOI CO.,LTD.
所在地	本　社　〒611-0043　京都府宇治市伊勢田町浮面28-1 　　　　　電話：0774-41-2681　FAX：0774-41-2516
	伊勢田工場　〒611-0043　京都府宇治市伊勢田町浮面27-3
代表者	横井慎一
資本金	18,150,000円
設　立	1984年04月
関連会社	株式会社クリエ（金型設計製作） 有限会社ティーズ（アッセンブリー）
従業員数	103名＜男子28名、女子75名＞（令和2年6月現在）

2 ｜ 経営理念・経営方針

　経営理念の背景は、関わる人を大切にしていこうということである。営業にも生産現場にも基本、ノルマというものは課しておらず、自主的にみんながチャレンジし、考えて行動するようにしており、現場レベルで日々自発的に改善等が行なわれている。

　雇用主とその従業員の関係は全て対等であると考えており、お互いに対する信頼感から、そのような組織の風土が根付いているのではないかと考えている。

　このような価値観や、基本的な考えを共有するというのは大事だと考えており、『横井ブック』という小冊子を全従業員に配布している。その中には、5S、プラスチックの成形の基礎知識、安全、環境、ハザードマップ等が掲載されている。

図表4-1-2　経営理念・経営方針・周知・浸透

【経営理念・経営方針・周知・浸透】

『我々横井製作所は創造的なモノづくりを通じ、
　感謝・感動・喜びを共有し 社会の発展に貢献する』
『どんな仕事にも発注側と受注側の双方がおり、
　この関係は対等である』

2017年12月よりEICCのシステムにて
CSRへ取り組み状況を公開している。

「YOKOI BOOK」（一部）
企業理念、会社紹介、5Sやプラスチック射
出成型の基礎知識も記載している。
価値観と基礎的な情報の共有のため、全従業
員に小冊子「YOKOI BOOK」を配布し、周
知を行っている。

3 ┃ 事業概要（取扱の部品）

　基本的には外装部品ではなく、機構部品を生産している。主力製品は、OA機器関連部品で、中でも複写機（コピー機）に搭載される部品を得意としており、この中のトナー搬送用スクリューという部品は、あるセグメントでは世界シェア約20％を占めている。また、耐熱部品は、200度以上、マックス350度までの温度に耐えられるような材料を使い、導電性や、耐摩耗性、摺動性というような特殊な機能を付与した材料を使った成形も行っている。最近は、ATMの部品なども扱うようになっており、自動車関連ではプリウスに搭載されているような部品を扱っている。

図表4-1-3　取扱部品の紹介

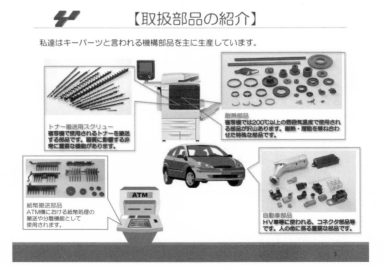

4 ┃ 取り組みの背景

　2020年、コロナ禍により、4月は昨対プラスにはなっていたが、5月、6月には昨年比40％以上減というような売り上げになり、今まで経験をしたことのない状況になった。そこで、今できることを、次に向けた取り組みをするべきだと考え、4月に事業継承を行ない代表を交代した。これもちょっとした試練と考えて前向きに取り組んでいこうと考えている。

　われわれの取り組みについては、働き方改革を意識したものではなく、課題にぶつかってその都度対応してきた結果が、今でいう働き方改革のようなものに繋がっている。ただ、今後は労働人口の減少や、さらなるグローバル化、アフターコロナ・ウィズコロナでの働き方の変化が進む中で、働き方改革というのは急務であると考えていて、積極的に取り組んでいかないと、われわれ中小企業の事業そのものに影響が出てくると考えている。

　一言で「働き方改革」と言っても、いろいろあるかと思うが、当社では「働きやすい環境づくり」をテーマに掲げている。働きやすい環境をつくるためには、まず生産性を上げて利益の出る体質ということが大切だと考えている。また、非常に厳しい人手不足のなか、労働時間の短縮や、有給休暇の義務化等の相反するような法政策が施行されてきているが、そのような環境に対応するためにも、生産性を向上するしかないと考えている。

5 ┃ 生産性向上の取り組み

1 自動化・合理化の取り組み

　自動化、合理化といった効率化に取り組みを進めたきっかけは、顧客の海外進出だった。平成12年頃から大手メーカーの多くが中国、ASEAN に製造拠点

　を移し、当社にも海外へ進出するように要請があった。

　結局は止めることとなったが、われわれも中国の無錫（むしゃく）への進出を真剣に検討する時期もあった。

　そんな中で当時、当社にて量産中であった部品が海外で見積競争となり、現地生産化という流れの中にあった。その部品は、機械に人が付いて、金属部品を金型にセットして成形するというような有人成形の部品であり、有人成形となると、やはり人件費の安い中国とのコスト差は、当時約20％あり、このコストを下げないと転注されるという状況にあった。その時にセットメーカーの担当者から、「自動化に挑戦し、その中国と勝負してみろ」とアドバイスをいただいた。15年以上も前の話なので、最初は本当に自動化の設備などできるのか、かなりのコストがかかりそうだが、実際にその償却ができるのか等、ネガティブな考えばかり出てきて確信はなかったが、それをしないと中国への転注という状況にあったので、とにかくチャレンジしてみた。

　その自動化のポイントとしては、100％自動化にしないということである。100％の自動化をしてしまうと、1つの工程でトラブルが出た場合、連続稼働をし辛くなるため、必要なところだけを自動化するということと、設備はできるだけ汎用性を持たせるというようなことをテーマに、自動機メーカー等と打ち合わせをして、自動機の導入に取り掛かった。

　その自動機の設備導入を実際に始めて効果の確認をすると、生産効率が30％アップし、その生産コストは20％ダウンすることが可能になった。人が作業しているとミスがあり、交代時のロスも出ていたが、そういう事もほぼなくなった。生産性が上がった分でその設備の償却も約1年で済ませることが出来た。その対象になった部品は、海外に転注されることなく、今現在も継続して生産している。

　約15年前に1台から始めたその設備は、今では15台となり、さらに効率化を進めるような設備導入も進めている。そういった効率化のおかげで現在、46台の成形機を6人のオペレーターで管理することができている。自動化前は、深

夜のアルバイトが多い時で20名以上いたが、現在は4名程度になり、目に見えて固定費の削減ができた。それによって自動化を始める前と現在では、営業利益率は約3倍となっている。

　他のメーカーと考え方が違うところかもしれないが、当社は、あえて設備の稼働率を上げ過ぎないようにしている。だいたいその目安は70％ぐらいで、本来はもう少し上げるべきなのかもしれないが、段取り替えの工数を減らすために材料ごとの専用設備にするなど、できるだけオペレーターの負担を減らすことを心掛けて生産するようにしている。

図表4-1-4　自動化・合理化①

【自動化・合理化①】

■製造方法の合理化を行う為、
　生産技術グループを新設。
　生産技術グループが主導で、
　製造グループと自動化・合理化
　のテーマを出し合う部門横断し
　た検討委員会などを運営。

■金具インサート自動化

図表4-1-5　自動化・合理化②

【自動化・合理化②】

■自動インサート設備、オートストッカー、自動圧入設備を開発～導入。
夜間稼働率を上げ、生産性を向上。現在46台ある成形機を6人のオペレータで管理
する事が出来ており効率的で安定した生産を実現。
生産効率30%アップに対し、生産コスト20%ダウン。　営業利益率3倍！！

■箱替え自動化

■稼働率を70%程度に抑えて
材料毎の専用設備にする等、
オペレーターの負担低減への
工夫を行っている。

2　残業時間の削減の取り組み

　当社は少人数で運営しているため、以前はどうしても特定の従業員に業務が集中していた。そのため、残業が多い時期があり、そのような状況の改善のために、まず取り入れたのが事前の残業申請制度である。ただ、やはり残業についてはすぐに効果は出なかった。特に昔からの従業員の意識を変える事が非常に難しく「残業をなくしましょう」と声を掛けるだけでは、なかなか減らない。そのため、約3年前から新入社員を対象に残業はゼロとし、少しずつ定時で帰宅するという雰囲気づくりをしていった。今では以前よりは定時で帰るという気まずさの様なものが改善してきている。

　残業がなかなか減らなかったのが、品質管理グループであった。品質管理グループは、製品の寸法管理を行なう部署で、測定する点数が多い事や、測定機

の取り合いというものがあったりと、残業が減りにくい環境にあった。当社の場合、朝の9時、12時、16時と1日3回全生産品の寸法を測定するパトロール検査を行なっている。また、深夜24時にサンプリングしたものも朝一番に確認している。1日でかなりの製品を測定することになるので、製品ごとの工程能力を確認し、検査項目の削減や、測定頻度の見直しを随時行い工数削減を図っている。

　また、昨年は新たに自動で測定できる三次元測定機を導入し、設備投資をしてでも残業時間を減らす取り組みを行っている。

　しかし、残念ながら設備投資をしただけでは、目に見える効果が出ない。

　更に、今年から中小企業においても残業時間の法規制というのが適用される為、どの様にすれば良いかとかなり悩んでいた。

　そこで思い切って9時、12時、16時のパトロール検査を9時と15時の2回に変更した。もちろん顧客には工程変更届を提出し、了解を得たうえで実施した。これは効果覿面で、残業時間前年比32％減を達成する事が出来た。

図表4-1-6　残業時間の削減

【残業時間の削減】

■「残業をしないように！」と言うだけではなく、体制を見直す

(例)品質管理グループ

[改善前]1日3回(9時・12時・16時)のパトロール検査＋出荷検査データの作成～添付

[改善後]1日2回(9時・15時)のパトロール検査＋出荷検査データの添付を簡素化

（メールで送付したり、客先へ交渉して減らせるものは減らす）

→　2019年の平均に比べて、改善後の2020年4月には残業時間32％削減 に成功！

■勤怠管理システムの導入

残業の事前申請制に加えて、2020年6月より勤怠管理システムを導入。残業についての意識づけを行うと共に各グループ長が残業時間を把握することができるようになった。

→　給与計算と連動させることで、
　　総務・経理部の作業時間も減らすことができる。

　30年以上ずっと決まったやり方で当たり前にやってきたことだったので、気付きづらかったが、本質を見極めるということが大切だと今回改めて感じることが出来た。また、維持管理するために勤怠管理システムを導入して、各グループ長がメンバーの残業時間の管理を出来る様にしている。またこれを給与計算と連動させて合理化にも繋げている。

③　既存事業の価値向上の取り組み

　製造の効率化を図る一方で、既存事業の価値向上ということにも取り組んでいる。今のOA業界の状況としては、生産場所が海外へ移転し、それに追従するように日系のサプライヤーも生産場所を海外へどんどん移転させている。ローカルの企業はコストが安いが、コストダウンの提案等はなかなかできていない状況で、生産場所を移転させた事により人件費は下がり、コストは下がっているが、さらなるコストダウンをする為のアイデアが出にくくなっている。そういった状況もあって、主力製品のOA機器部品については、今が逆にチャンスだと考え、セットメーカーの設計・開発の上流段階から関わって、ニーズを先取りし、製品化できるような取り組みをしている。

　その中で一番大事なのは提案力だと考えており、まずその提案をするにも4つの技術が大事だと考えている。

　その1つが成形技術である。高精度な部品をつくるために特殊な成形方法を用いたり、成形機の一部をカスタマイズして対応している。

　次が金型技術である。

　関連会社のクリエで、社内で使用する金型の約90％を製造している。同じ建屋にあるので、タイムリーな対応が可能であり、密な連携を取りながら開発を進めている。部品開発にも、金型技術は深く関連しており、開発商品の金型構造での特許も取得している。

　ただ、以上の2つだけでは、最新の設備をどんどん導入するような海外の

メーカーに勝てるとは思っておらず、これからが大事なポイントと考えている。

　それが先ず材料技術である。今の部品から大幅にコストダウンしていこうと思うと、やはり加工費の削減だけでは非常に困難である。そこでわれわれは「同じ機能があれば、同じ部品」という考えのもと、例えばキロ3000円する材料を使った部品を、キロ1000円の材料に置き換えれば大きなコストダウンができるため、その材料メーカーとタイアップしながらオリジナルの材料グレードの開発を進めている。そうして開発した材料を社内で部品形状にして、実機相当の耐久評価器を作成し試験を行なって顧客に提案するところまで行っている。

　このようなプロセスを踏むことで、顧客との信頼関係も強いものとなり、新たなテーマももらえるようになっている。こうして顧客の評価工数低減とともに部品のコストダウン、また高付加価値製品の開発を実現してきた。このような材料開発はすぐに出来るものではなく、開発に5年以上かかり、その開発した材料が採用されるのに10年かかるというようなスパンで進めてきたものもある。中には特許を取った部品もあり、次の開発へのモチベーションにつなげている。

図表4-1-7　既存事業の価値向上

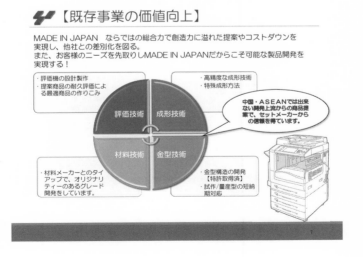

4　人材育成の取り組み

　生産性向上するためには人材の育成が不可欠である。会社にとってやはり人材というのは宝というふうに考えており、どのように仕事のやりがいや、モチベーションを上げてもらうのか、コミュニケーションをうまく取ることで人間関係を良好にし、長く勤めて貰えるかを考えて、会社として取り組みを行なっている。

　当社の組織図は（図表4-1-8）のとおりである。直接部門以外は、ほとんど女性がグループ長を務めている。この様に女性が多く活躍しているという事が当社の特徴であり、性別や年齢に関係なく責任を持った仕事に挑戦している。

図表4-1-8　組織について

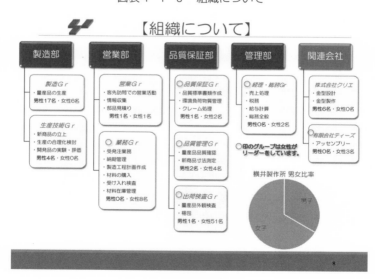

　教育については、OJT や Off-JT を取り揃えて人材育成に取り組んでいる。プラスチック成形技能士・QC 検定等の、資格取得支援や、通信教育、外部機関での研修なども行っている。費用は全額会社負担し、レベルに応じた資格手当を支給することでスキルアップに繋げている。

　成形技能士については、基本的には強制ではないが、成形を知ることで品質管理にも繋がり、営業にも役立つということで自発的に従業員が取得している。これは国家資格であり、1 級に 6 名、2 級に10名が合格し、成形技術力アップに繋がっている。女性も 3 名プラスチック技能検定に合格しており、技術を磨いている。

図表 4 - 1 - 9　人材育成への取り組み

【人材育成への取り組み】

■OJT・OFF-JTを取り揃えて人材育成に取り組む。資格取得支援・各種外部機関や日常業務内での研修などの教育制度を充実。

■長く働ける体制づくりとして、定年後も自己申告で意欲と能力に応じて働き続けられる再雇用制度を導入。
現在60歳以上の従業員が12名在籍しており豊富な知識や経験を活かして若手社員の教育にあたる等、大事な戦力となっている。

⤷その結果、下記の国家資格を取得している。
プラスチック成形技能士1級　　6名
プラスチック成形技能士2級　　10名
保育士　　　　　　　　　　　　1名
第一種衛生管理者　　　　　　　1名

5 人材定着への取り組み

　人材定着への取り組みとして、従業員のコミュニケーションを取れる機会を設けて良好な人間関係を築いていける様に、6月には慰安旅行、12月に忘年会という恒例行事がある。今年はコロナの影響で初めて中止にしたが、慰安旅行は創業当時より欠かさず行っている行事で、正社員が対象であるが、毎年8割以上が参加してくれている。当社は駅から少し距離があり、駅から徒歩約30分かかるので、通勤はほとんど車やバイク等の乗り物で来ることが多く、「仕事帰りにみんなでご飯を食べに行くか」といったことがなかなかできない状況にある。仕事とは別にもっとフランクに話ができる機会も大切だと考え、部署ごとの（部署ごととも限っていないが）親睦のための交流を推進しており、各自で声を掛け合いホテルのランチバイキングや焼肉等に行っている。この費用についても全て会社が負担して、積極的に交流を深めるということにも取り組んでいる。この取り組みも、今はコロナの影響で自粛している状況であるが、早く再開出来る事を祈っている。

図表 4 - 1 -10　人材定着への取り組み

【人材定着への取り組み】

従業員同士のコミュニケーションがとれる機会を設け、明るく笑顔で毎日を過ごせるようレクリエーション等での交流を深めることを推進。

慰安旅行（毎年6月）
2019年　鳥取県
2018年　福岡県〜山口県
2017年　台湾

忘年会（毎年12月）
ビンゴ大会や部署対抗のミニゲームなども行われる。

部署毎の親睦会
ホテルのランチバイキング・焼肉などに行き、これらの費用はすべて会社が負担している。

　その他の社内交流の活動としては、社内報とサークル活動がある。『YOKOI
マガジン』という社内報があり年間約6回、2カ月に1回ぐらいのペースでこ
れを配信している。「従業員が結婚する」とか「赤ちゃんが生まれる」といっ
た話から新規の受注状況や感染症の流行などを連絡するような、社内報となっ
ている。こういった会社の状況などを社員全員が共有している。（図表4-1
-11：社内報『YOKOI マガジン』ご参照）

　また、サークル活動については、スポーツなどで交流を深める事を推進して
おり、ソフトボールサークル、ヨガ教室、フラメンコ教室を開催している。非
常に好評で、従業員の約30％が利用してくれている。ヨガ教室とフラメンコの
教室では、外部から講師を招いて、月4回のレッスンで2000円と、低価格で受
講できるように、会費の補助を行い、みんなで楽しんでいる。またそのフラメ
ンコは、発表会もあり、会社で見に行く事もある。この様な取り組みの成果も
あってか、離職率も非常に低く、品質や技術力の向上、客先からの信用度アッ
プにもつながっていると感じている。

図表4-1-11　YOKOI マガジン

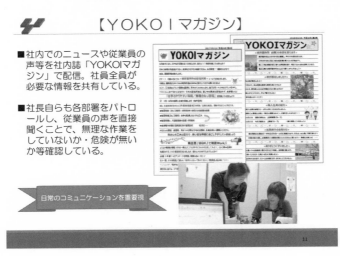

図表 4 - 1 -12　サークル活動の推進

【サークル活動の推進】

スポーツなどで交流を深めることを推進しており、ソフトボールサークル・
ヨガ教室・フラメンコ教室を開催。
発表会やソフトボール大会にも出場し、従業員や、家族も応援に駆け付ける。
この様なレクリエーションを通じて従業員間のコミュニケーションを図り、
仕事におけるモチベーションアップに役立っている。

12

6　職場環境の改善（社内託児所の設置）の取り組み

　職場環境改善のため、当社では、6 年前に社内託児所を開設した。6 年前
に、従業員の女性 2 名が結婚し、出産という出来事があった。当社は少人数で
運営しているため、1 人 1 人のスキルが非常に高くなっている。出産や育児
を、会社として応援する一方で、ノウハウを身に付けた女性従業員が結婚や出
産を理由に長期間休む事や、退職することは、会社にとって非常に痛手であ
り、この当時、2 人が辞めてしまうと仕事が回らないほどの重大な出来事に
なっていた。女性従業員が結婚した時から覚悟していたが、いざその時になる
と非常に困った状況になった。

　そこで、その従業員の 2 人に今後の働き方について面談をおこなったとこ
ろ、早く職場復帰したい、核家族で子育てに不安や心配があるという声が上が

り、出産後も安心して勤務できるように無料の社内託児所の開設の検討を始めた。当時はまだ当社レベルの中小企業で社内託児所を設置されているところが非常に少なく、参考にできるところも無かったため、宇治市に社内託児所を開設することは、法的に問題がないのかなど、確認をしながら進めていった。宇治市からの回答は、営利目的でなければ問題ないとの事だったので、開設に踏み切った。

　最初は、食堂の休憩スペースを改造した小さな託児所だったが、子どもの人数が増えたり、動き回るようになると、少し大きめの応接室を託児所に模様替えして、会社からは歩行器や、おもちゃ、ベビーベッド等も提供した。

　社内託児所を設置することで、信頼のおける人に見てもらっている、近くにいられるという安心感があり、また育児の悩みも相談できる事で、「なかなか首が座らないけど大丈夫か」や、「離乳食をあまり食べないけど大丈夫か」等、些細な事も相談をしながら、初めての子育てを一緒にやっていった。

図表 4 - 1 -13　社内託児所の設置

【社内託児所の設置】

■全従業員の内、約70％が女性。女性が戦力として長く活躍できる会社であるにはどうしたら良いかを考え、出産後も安心して勤務できる様に無料の社内託児所の開設を決める。

　取り組みやすかったのは、会社のロケーションもあった。車通勤が多く、対象の女性社員も車通勤で、赤ちゃんと一緒に車で出勤できるので、会社に連れて来やすかったと思う。こうして金銭面だけではなく、精神面の負担も解消でき、現在までに6人の子どもを託児した。その間に女性役員が保育士の資格も取得した。昨年も1人赤ちゃんが生まれ、今年の4月まで入所していた。

　会社を挙げて出産・育児のサポートを行なった結果、女性社員の出産による離職者は現在ゼロで、長い時間をかけて蓄積された知識・能力という経営資源を損失することがなくなったのは、非常に大きいことである。

７　企業価値の向上の取り組み

　企業価値向上にも努めている。当社は、中小企業であり、自社ブランド品を製造しているわけでもないため、知名度がほとんどない状況である。そのため、企業価値の向上にも努めている。

　最初に企業認証を頂いたのは、2014年の京都ワーク・ライフ・バランス認証企業に選ばれたことだった。託児を始めたことがきっかけだったが、外部から会社の取り組みについて評価されるということは初めてであり、非常に嬉しかったと同時に自信にも繋がったことを覚えている。2018年には地域未来牽引企業にも選定いただき、私としては部品の開発に長く携わって来た為、技術的な部分が認められて非常に嬉しかった。

　また、各種の認定や表彰を受けた事により、メディアで紹介される機会も増えてきている。やはりメディアに取り上げられるのは非常にうれしいことで、まず従業員の家族から、自分の子どもが働いている会社が新聞等で取り上げられると、従業員の家族の方も安心していただけるし、従業員もうれしく感じているようである。

　地方紙や専門誌であっても、新聞に掲載されるということは知名度を上げるには非常に効果的だと感じている。

図表4-1-14　認定・表彰

 【認定・表彰】

■「京都ワーク・ライフ・バランス認証企業」として認定
　京都モデル企業に選出される（2014年1月）

■京都府子育て支援表彰式
　「職場環境づくり部門」において表彰を受ける（2015年3月）

■厚生労働省主催の「第2回働きやすく生産性の高い企業・職場表彰」
　中小企業部門 "最優秀賞" を受賞（2018年2月）

2017
最優秀賞

■経済産業省より「地域未来牽引企業」に認定（2018年12月）

■京都府より「あったか子育てきょうと表彰」
　を受賞（2020年3月）

地域未来牽引企業

14

　2020年は京都の地方局であるKBS京都の『京bizX』という番組で、"子育
て日本一を掲げている京都府" として西脇知事も一緒に訪問され、テレビで紹
介もしていただいた。ホームページも然り、このようなメディアを使ってどん
どん情報発信をして横井製作所をアピールしていきたいと考えている。

8　人材採用の取り組み

　人材が非常に集まりにくい状況である。昨年、近くの大学の就職活動に関す
る意見交換会に参加してきたが、プライベートと仕事の両立や、会社の雰囲
気、残業の有無や有給休暇の取りやすさ等ワークライフバランスを重要視して
いるような意見が多かったように感じている。採用のための会社説明会では、
この様なところを分かりやすく説明して学生の不安を取り除き、採用につなげ
ていければと考えている。採用実績は2019年度5人、2020年度新卒2人と毎

年、新入社員が入社しており、先輩社員も初心を思い出してリフレッシュした雰囲気となっている。

　一時、パートやアルバイト従業員が全く集まらない状況が続いた。そこで、ハローワークの方に当社に来ていただいて、われわれの取り組みを、まずはハローワークの方に説明をすると、「勤務時間について、フルタイムではなく13時や15時迄など幅を持たせた募集にしてはどうか」等たくさんのアドバイスを受けた。そこから勤務時間をフレキシブルにして募集すると、見違えるように多くの方がパート、アルバイトの採用面接に来られ、1年半で約20人の採用を決める事が出来た。

図表4-1-15　人材採用への取り組み

 【人材採用への取り組み】

【正社員】毎年1〜2名の新規雇用。
受注拡大が見えており人材採用は急務。

■京都府の支援を受け、合同企業説明会や企業見学バスツアー、大学主催の学内企業説明会など積極的に参加。
■ホームページをスマホ対応化し、応募フォームを設けてエントリーしやすくしたり、face bookで会社の雰囲気や情報を発信している。

⇒　2019年度採用実績 5人

京都府宇治市主催
ものづくり企業 合同説明会の様子（2018年3月）

【パート・アルバイト従業員】
ハローワークへ募集を出しても、人が集まらない状況が続いた。

■工場見学へ来てもらい、まずはハローワークの方へ働きやすさをアピール
■ハローワークからアドバイスを受け、募集要項の書き方を変更。

⇒　2018年11月から20人を採用。
　　今でも随時面接希望者が来ている状況が続いている

15

9　地域のスポーツ貢献への取り組み

　地域のスポーツを通じた社会貢献活動で、2018年から京都の3人制のバスケットボールチームのスポンサーとなった。「KYOTO BB」というチームで、まだ3人制のプロバスケットボールはマイナースポーツのため、運営資金も少なく困っているとのことでオーナーが相談に来られた。そのオーナーの考えに感銘して支援することに決めた。昨年8月には京都の平安神宮の表参道で試合が行われ、当社の社員もチームお揃いのTシャツを着て、家族ぐるみで応援するなど、プロスポーツのスポンサーを務める事で地域貢献や社員間でのコミュニケーションにも繋がる有意義な活動だと考えている。

図表4-1-16　地域スポーツへの貢献

【地域スポーツへの貢献】

地元、京都で活躍するバスケットボールチームのスポンサーとなる。
休日に開催されるスポーツイベントには、従業員や家族も応援に参加し、コミュニケーションを取れる機会にもなっている。

10　今後の取り組み

　今後は、さらなる付加価値製品の製造や効率化を目指し、プラスチック成形以外の新規分野への挑戦や、検査の自動化などによる効率化をどんどん進めていくことや、昨年からキックオフしている退職金プロジェクトなど、若い従業員が家族を持っても、長く安心して活躍できる会社になるべく、会社本位ではなく従業員の希望することに耳を傾け、改革を進めていこうと考えている。

　この大変な時期ではあるが、「ピンチをチャンス」と捉えて前向きに取り組んでいきたいと考えている。

図表 4-1-17　従業員のための改革

2 働きやすく生産性の高い企業・職場表彰

企業事例②

「中小ベンチャー企業でもできる 働きやすい職場づくり」

友安 啓則

株式会社友安製作所　代表取締役社長

1 | 会社概要

　1948年に創業、1963年に設立された、大阪府の八尾市というところにある会社である。主な事業がインテリア、DIY、内装商材の輸入、製造販売で、事業を多角化しており、カフェ事業、工務店事業、レンタルスペース事業などもおこなっている。

図表4-2-1　会社概要

会社概要

会社名：株式会社友安製作所
創業：1948年（1963年設立）
本社所在地：大阪府八尾市神武町1-36
主な事業：インテリア・DIY・内装商材の輸入・製造販売、
　　　　　カフェ事業、工務店事業、レンタルスペース事業など
取扱い商品：カーテン、カーテンレール、壁紙、床材、
　　　　　　ウィンドウフィルム、塗料、照明など。
受賞歴：第16回・第17回ホビー産業大賞日本ホビー協会賞
　　　　大阪ものづくり優良企業2017 匠
　　　　全国クラウド活用大賞総務大臣表彰 八尾市長賞
　　　　働きやすく生産性の高い企業・職場表彰 優秀賞
　　　　はばたく中小企業・小規模事業者300社
　　　　八尾市中小企業地域経済振興功績者顕彰
　　　　令和元年度 新・ダイバーシティ経営企業100選

　もともとは私たちの会社は、私の祖父が始めた会社になる。ネジをつくる工場として創業したが、祖父がやっている時点で、ネジのほうが中国とかいろいろな海外製品に押されてなかなか単価的に合わなくなってきたため、線材加工品という針金を曲げる商売を始めた。「障子・ふすま文化」から「カーテン・洋室文化」になっていた時期だったので、カーテンフックというカーテンをつり下げるこういう針金状のものが爆発的に売れていった。25年ぐらい前、30年ぐらい前が一番の全盛期になるが、そのころには約30名のスタッフがおりましたが、私が入社したころ、2004年には6名まで減少していた。後は継ぐものだと思っていたので、父の反対を押し切って会社に入社したのが、2004年頃で、そのときに私の父が、既存のこの町工場のカーテンフックとかの線材加工品の商売をするなということを条件で入社を認めていただいたので、インテリアの輸入販売業というものを私一人で立ち上げた。

図表4-1-2　新規事業立ち上げまでの現社長の略歴

友安 啓則　（Hironori Tomoyasu）

株式会社友安製作所 代表取締役社長（三代目）
1978年大阪府東大阪市に生まれる。
1994年高校1年からアメリカへ留学、
City University of Seattleにて経営学修士 M.B.A.を取得。
大学院在学中から商社で働き、
友人とともに車のパーツを輸入販売する会社を立ち上げる。
2004年に帰国、父親が営む線材加工製造業の友安製作所へ入社し、
インテリアの輸入商材を販売する新事業を立ち上げる。
2016年2月代表取締役社長に就任。

図表4-2-3　新規事業の立ち上げ

1948年当初はネジを作る町工場として創業。
その後、カーテンフック等の線材加工品の製造を
行ってきた。

海外製の安価な樹脂製カーテンフックの普及により需要が激減。
全盛期には30名以上いた従業員は、現社長が入社した2004年には6名にまで減少。

⇒新事業を立ち上げる必要があり、2004年～インテリアの輸入販売事業を開始。

図表4-2-4　当社の事業展開

中間業者を徹底的に省いてメーカーから直輸入、
高品質なものをより安く提供できるビジネスモデル
「ノーミドルマン」を目指す。

当時の日本には少なかった装飾カーテンレールを海外から
輸入し、自社ブランド「Colors」を作る。

トラックに商品を積み全国行脚で販売。
インテリアショップや百貨店への卸からスタート。

Yahooショッピング・楽天市場・独自ドメインのECショップを
続けてオープンし、エンドユーザーへ直接販売。

　私どもも名もない会社でしたので、どうすればブランディングができるかというところで、皆さんに認めてもらえるようにいろんなところに応募して、選んでいただいた実績がある。DIY商品を取り扱っておりますのでホビー産業大賞として、認めていただいたりとか、ものづくりもおこなっているので、大

阪ものづくり優良企業賞の「匠」というものを受賞したり、クラウド活用というのを私たちの生産性の取り組みとして一番軸に置いているので、全国クラウド活用大賞総務大臣表彰の八尾市長賞を受賞したり、「働きやすく生産性の高い企業・職場表彰」の優秀賞を受賞するなどしている。2019年は「はばたく中小企業・小規模事業者300社」に選んでいただき、「新・ダイバーシティ経営企業100選（令和元年度）」というものにも選ばれた会社である。

2 ┃ 事業概要

　当社のビジネスモデルはすごくシンプルで、コストを徹底的に安くするため、海外のメーカーから直輸入して、ノーミドルマン方式で直接リテールのほうに売っていく。ECというインターネットを使って直接お客さまに販売するビジネスモデルにした。自社ブランドのカラーズというものをつくった。その理由が、当時カーテンレールというものを海外から輸入していたが、日本で販売されているカーテンレールは誰もが知っている一流ブランドではなく、建材メーカーのブランドでもあり、ものすごく高かったので、1人でもカラーズというブランドをつくれば勝負になると考えたからである。まず卸からスタートして、それからECショップという流れで事業を展開してきた。私どもがメインに取り扱っている商材で、商品も拡大してきた。カーテンとか照明とかウィンドウフィルム、床材などインテリア、内装商材に関わるものに関してはほぼ網羅している状態になる。ビニールカーテンなどを10年ほど前から販売しており、コロナ禍ではあるが、特需で飛沫対策シールドというかたちでたくさん売れている。巣ごもり需要というものもあり、この時期に家庭では、業者さん、職人さんを家に入れて施工してもらうというよりは、ご自身でやるということが多いので、ECショップのDIY商品というのをたくさんご購入いただいているような状況である。

図表4-2-5　当社の製品

図表4-2-6　当社の事業

　私たちのコアビジネスは、EC事業、カフェ事業、工務店事業、メディア事業、レンタルスペース事業の5つになる。一応この5つ全てが私たちのなかではつながっていて、勝手にこれを友安経済圏と呼んでいるもので、私たちのミッションをコンプリートしていきたいなと思っている。

図表4-2-7　EC事業

EC事業

16サイトのオンラインショップを運営している。
"自社製"にこだわり、自社スタジオでの商品撮影、Web
ページ作成やサイト運営、お客様対応・出荷業務までを外
注せずにすべてを自社で作る(自社で行う)ことにこだわっ
ている。
クリエイティブをトータルに内製化することにより、ス
ピーディーかつクオリティの高い表現を可能にしている。

自社制作へのこだわり　　　社内併設撮影スタジオ　　　感動をお届けする自社物流

図表4-2-8　カフェ事業

カフェ事業

「インテリアとDIYとカフェの融合」がテーマのカフェ。
内装は自社製品でコーディネートし、模様替えやリフォー
ムのヒントになる仕掛けを散りばめている。
ショップコーナーや、ワークショップスペースも併設。
(東京浅草橋・大阪阿倍野)

図表4-2-9　工務店事業

工務店事業

カフェ事業での店舗デザインが注目を集め、空間コーディ
ネートやリフォームのご依頼を多く頂戴するようになり、
デザインパッケージを中心としたリノベーション事業を行
う安安製作所工務店を2018年に立ち上げた。
内装・外装・修繕工事・耐震補強など、デザインから施工
まで一貫したリフォームをご提供。

図表4-2-10　レンタルスペース事業

レンタルスペース事業

利用していない自室の一室、借り手のいないマンション、
オフィスビル内の会議室など、空きスペースを1時間単位で
貸し出し収益化したいオーナーと、パーティーや会議、撮
影やイベントなどで利用できるスペースを探しているユー
ザーをつなぐ貸しスペースのプラットホーム「カシカシ」。

図表４-２-11　メディア事業

メディア事業

友安製作所が運営と情報発信を行うWebメディア。

トモヤスタイムズ
理想のライフスタイルをつくるのに役立つ様々な
コンテンツや、友安製作所の最新情報を配信。

https://tomoyasutimes.jp/

ホームパーティー推進委員会
日本国内でも定着しつつあるホームパーティーを、
日本の文化にまで普及させるべく発足した委員会。

https://ouchiparty.com/

3 ｜ 生産性向上の取り組み

1 取り組みを始めた背景

　生産性向上の取り組みを始めた背景は、私たちが今歩んできた歴史が結構欠かせないと思っている。それを簡単にまとめるとこういう図になる。当社のような零細、中小企業がおこなう事業に関していうと、１年ごとにすごい事業が生まれている。特に2013年ごろから、既存事業の拡大だけじゃなくて、新事業の立ち上げによる新規雇用というのがものすごく大幅に増えた。そういったときにすごくいろんなものがくすぶっていたなかでも、大きい課題が生まれていた。その課題に対して始めた取り組みが、この生産性向上で表彰された内容になる。

　従業員が増えて、拠点も自社の１社だけではなく、東京とかカフェとかにも会社があるなかで、本社と離れた拠点において一番直面したのが、従業員が異

常に高い率で辞めていくということであった。その当時の離職率が約30％以上あり、「これだろう」という原因が、従業員のストレスが一番の原因だった。そのストレスがどこから来ているかというと、基本的には拠点が離れているための連絡の遅延や「私、それ聞いてない」とかという伝達不足であった。その他、急激に成長した分、OJT などによる新人教育という部分が、不十分で、人がなかなか育たないことに対してのいらいらであった。「これだけ自分が頑張っているのに社長は大阪にいるし見てもらえない」とか、自分自身の頑張っている姿を見てもらえないことへの不満もある。あとは、「社内評論家」って呼んでいるが、「あの人、仕事できるよね、できないよね」といった、そういう社内での不協和音から来る「あの人いったい何をしているのかな」とかいうことが、実際に当人の耳に入り、人間関係が嫌になり辞めていく原因になっていた。実際に私も面接をいろいろして、前職を辞めた理由を聞いた 8 割というのが、「人間関係が嫌で辞めました」というのが多かったので、これだけの離職率が高いのは、その人間関係をまず直さないとこの離職率は下がらないだろうということを結論づけた。

図表 4 - 2 - 12　生産性向上に取り組みを始めた背景

取組みを始めた背景

- **2013年** ECショップのサイト数増加
- **2014年** 東京営業所の新規開設
- **2015年** Café 1号店 浅草橋にOPEN
- **2017年** Café 2号店 阿倍野にOPEN
- **2018年** 工務店事業を開始
- **2019年** レンタルスペース事業を開始
- **2020年** メディア事業を開始

2013年頃から加速させた、既存事業の拡大・新事業の立ち上げなどに伴い、新規雇用を大幅に増加。ある**課題**が生まれた。

図表4-2-13　課題となった従業員のストレスと離職率の高さ

従業員の数が増え、他店舗・多拠点展開を行って行く中で直面したのは・・・・

従業員のストレスと離職率の高さ

・拠点が離れていることで起こる連絡の遅延や伝達不足
・新人教育が不十分で人が育たない
・頑張っている姿を見てもらえないことへの不満
・他人の仕事が見えないし何をしてるのか分からない

離職率は
30%
以上

何が必要？HOW?

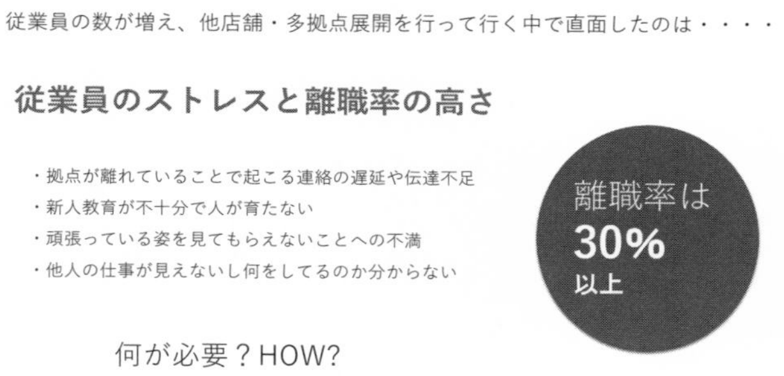

2　各種の生産性向上の取り組み

1）見える化と社内コミュニケーション

　人間関係を直すために取り組んだことが、まず「見える化」ということと、その「見える化」に伴う円滑な社内のコミュニケーションが不可欠ではないかと思っていた。自分が経営学を学んでいたときも、その「コミュニケーション」というタイトルだけでも、大変太い本が2冊、3冊勉強させられるぐらいで、このビジネスにおいてコミュニケーションというのは非常に大切だと思っているが、思っていても正直なかなかできない。特に自分自身が経営しているとなかなか気づかないというのが結構多かった。特に当社では、決してトップダウンというのではないけれども、社長が何か言ったらこうみたいな、暗黙の了解がどうしても社内であり、それが実は一番のストレスだったのではないかということを自分自身でも気付いた。スタッフが、安心して楽しく仕事ができる環境をつくるためにどういうことが必要かを考え、そこで行き着いたのが、後述するいろんな施策と今のICT、クラウドツールを活用することで、それが一番の早道じゃないかと思い活用を始めたのである。

図表4-2-14　見える化と社内コミュニケーション

見える化

と

円滑な社内コミュニケーション

が不可欠

多拠点でも仕事内容の共有や共感をできる環境をつくり、従業員が
安心して仕事ができる環境を作るため、複数の施策と複数のクラウ
ドツールを活用することにした。

2）ニックネーム制度

　まず、私が取り組んだのがニックネーム制度である。昔は、アメリカの商社
で働いていて、私のボスが「スティーブ」というボスでしたが、何か意見を言
うときでも、もちろんファーストネームで呼ぶので、上下意識っていうのをあ
まり持たないで言いたいことが結構言えたっていうのもあった。それを今、そ
の2013年、2014年頃は、本当にトップダウンだったので、みんなが言いたいこ
とが言えないのではないかいうこともあり、まずそこから変えていこうとし
た。役員も含めた従業員全員がニックネームで呼び合うことを、推奨ではなく
義務にした。私の父親はまだ元気で会社にきているが、会長はドン、私はボス
と呼ばれていて、社員はトミーとかウェンディー、ジーンとか、すごいユニー
クな名前が付いている。基本、当社は、日本人が9割であり、アメリカ人が2
名と、イタリア人1名おり、外国人スタッフは、本名になっている。さすがに
本名には勝てないなということで、それは本名にしている。

　このニックネーム制度の導入の成果というのが、非常に従業員同士が仲良く
なったということだけではなくて、上下の垣根が減ったというよりは、どちら
かというと意見が言いやすくなったというのが一番大きいところである。あと

図表4-2-15　ニックネーム制度

ニックネーム制度

アメリカの商社で働いた経験から、日本でよくあるタテ社会の
職場ではなく、欧米のように上下関係の意識をあまり持たない
フラットな組織を作りたいと発案。

・2015年より、役員も含め従業員全員がニックネームで呼び合
うことを義務付けた。
（会長はDon、社長はBoss、社員はTommy・Wendy・Geneなど）
・本名や役職名、さん付けで呼ぶのは禁止。

Newsミント！
で取材されました。

ニックネーム制度 　導入の効果

・年齢、役職、社歴の違いがあっても互いに意見がいいやすくなった。
・上下の垣根が減ったと感じる従業員が多い。
・親しみを感じて仕事以外の話もしやすくなり、自然と従業員同士が仲良くなる。
・ホームページやSNSなどでもニックネームで紹介するので、従業員の本名がバレない。

はホームページとかSNSとかで私たちはいろいろと情報を発信する。当社は
約7割が女性で、女性の本名と顔がホームページとかSNSで一致すると、ど
うしても女性は嫌がるので、顔出しもしたくないというのがすごく多くなる。

私たちはライフスタイルを提案しようという会社なので、どうしても従業員自身ができるだけホームページとかSNSとかでも発信してもらいたいと考えたときに、ビジネスネームで紹介しますので、本名と顔が、当たり前ですけどまったく一致しないし、本名はどこにも流れないので、比較的そこへのハードルというのが低くて、スタッフに関してはほぼ全てのスタッフがホームページとか事例とか、ユーチューブとか、いろんなものに出てもらっている。その代わり本名ではなく全てニックネームで紹介しているので、その辺のしがらみがないということと、いろんなイベントをする際に「ウエンディさんに会いに来ました」と来られる方がいたり顧客からしてもスタッフに対する親しみというのも大きくなったのが成果だと思っている。

3）表彰制度「TOMOYASU アワード」

　次の施策が「TOMOYASU アワード」というものである。半年に1回、従業員同士が互いに評価し合う独自の表彰制度になっている。これは、自社のプログラマーがアプリをつくり、みんなスマートフォン上、パソコン上で、評価できるようになっているもので、そこに目標、進捗、結果というのを自分で入力して、アプリ上でその情報がアップデートできたら「NEW」というのが常に上がってくるようになって、それを見た人は「いいね」とか、そういうものを押せるようなシステムになっている。半年に1回、投票期間というのが1週間あり、1人が3票を持っているので、その3票を「この半年、この人はめちゃくちゃ頑張ったな」と思った人に投票している。投票の多かった上位のスタッフは、賞状と賞金がでる。「トモヤスアワード Gold 賞」というものでは、20万円を現金でもらえるし、「最多いいね賞」とか「いいね」をたくさんもらった人も3万円とか、そういったかたちでわかりやすく、すごい差別化というか、従業員が従業員を見るというものを意識づけた表彰制度としています。

　この導入の効果としては、やっぱり今までは自分の部署以外は関係ないというか、自分の仕事以外だから関係ないと思っていたスタッフが、自然と興味を

図表4-2-16　表彰制度「TOMOYASUアワード」

TOMOYASU AWARD

・半年に1回、従業員同士が互いに評価しあう独自の表彰制度。
・目標、進捗、結果を各自で入力し、努力や健闘を称えたい人への"いいね！"の押下や投票ができるオンラインシステムを自社で開発。
・いいね獲得数、投票の多かった上位のスタッフには賞状と賞金が贈られる。

導入の効果

・他部署のスタッフの働きにも、自然と興味を持つようになった。
・ともに働くスタッフから評価される、自身の仕事や成長を認めてもらえることが、モチベーションの向上につながっている。

持つようになってくれたことである。さらにボーナスとか給料というのは、マネジメントからの評価というかたちになるが、この「TOMOYASUアワード」に関しては、スタッフ同士の評価になるので、実はこれに選ばれた人は、おそらく社長がボーナスで20万円渡すよりももっとうれしいのではないかと思う。みんなに選んでもらったという気持ちがその金額以上にうれしいので、モチベーションの向上というものに一番つながっていると思っている。

4）業務日報

　次に取り組んだのが日報である。日報と聞くとみんなネガティブなイメージを持ちがちであるが、私たちの業務日報というのは全てSNSを使っている。今、フェイスブックがやっている「Workplace（ワークプレイス）」というSNSを使っているが、もともとはGoogle＋（グーグルプラス）というものを使っていた。Google＋というのがサービスを去年、おととしぐらいにやめるということで、この「Workplace」に移行した。

　これで当社がやっているのは、全員、全部署の日報を全員がいつでも自由に

閲覧できるようになっていて、「いいね」とかのコメントがその日報に付けられるようになっていて、「本当に頑張ったね。お疲れさま」とか、「いいね」というのが結構多かったり、いろんなリアクションがありますので、「顧客にこういうふうに怒られた」と書いたら、「悲しいね」というスタンプが送られたりとか、励ます言葉が社員同士でやり合っているというかたちになっている。

　これの導入の効果は、最初は部署内だけの共有だった日報というのを、全員が同じ場所に投稿して気軽に閲覧できることにしたことで、本当にスタッフ同士が協力し合う体制が実は結構できることになった。これはどういうことかというと、今自分が仕事をしていたときに例えば右に座っている人がインターネットでずっとインターネットブラウジングしていると、左に座っている人は「何、この人遊んでいるのか」という気持ちが結構多くあると思う。自分はこれだけ忙しいのにこの人は何かインターネットショッピングみたいなのをしていると思い、考えられないなってすごく腹が立ってきて、それが結局、職場に対しての不満となる。それを許している、横行させているマネジメントはどう

図表 4 - 2 -17　業務日報

日報

・業務日報の投稿には、Workplaceを活用。
・全部署の日報を全員がいつでも自由に閲覧できるようにしている。

導入の効果

・部署内だけの共有だった日報を全員が同じ場所に投稿し気軽に閲覧できるようにしたことで、従業員同士が互いの業務を知り協力し合う体制ができた。
・SNSを利用する感覚でイイネやコメントが気軽につけられるため、応援し合う事で従業員のモチベーションアップにつながっている。

Workplace
by facebook

なのかということで、離職率が結局は上がっていたところで、この日報制を始めたことによって、実はその右の方はインターネットショッピングをしているように見えて、多店舗のマーケティングをおこなっていて自社の販売方法にすごく悩んでいて、それでいろんな店舗を見ることで、どういうマーケティングがいいかと「それでもまだ悩んでいる」ということを日報に書いていたときに、その左の方は「ああ、自分はただ単にショッピングとか自分のプライベートなことを就業中にやっているというふうに思っていたけれども、実はこんなに悩んでいたのか、じゃあ、どういうかたちでアドバイスができるか」と考えアドバイスする。そのアドバイスをしてもらったことによって問題が解決したりするし、さらにそういう不協和音がすごく少なくなったのである。当社の会社の平均年齢が35〜37歳ぐらいで、承認欲求というのがすごく強い世代なので、そういった世代に一番フィットするのがこのSNSというかたちで、SNSというのはプライベートでも使っているので、比較的、導入のハードルもすごく低い分、応援し合うことで従業員のモチベーションがものすごく上がって、生産性向上につながっていったということがある。

5）社内業務連絡チャット「Slack」の活用

　次に使っているクラウドは、Slackというものになる。これは何かといいますと、社内での業務連絡のチャットになります。これはプロジェクトごとにチャンネルとかもつくれますので、DTPとか全体ニュースとか物流とかいろいろあり、それぞれのチャンネルでそのプロジェクトごとにいろんなスレッドが立ち上がってコミュニケーションができるようになっている。

　これで一番よかったのは「言った、言わない」がまずなくなったということと、いちいち今まではメールとか付箋でやり取りしていた不確定な返信内容、もしくはメールだと「お疲れさまです。上記、了解いたしました。ありがとうございます」というその3行を書く時間というのが、たった「いいね」の1つのボタンで解決できるというのは非常に生産性も上がりましたし、効率もい

い。さらに全て有料アカウントにすることで、半永久的というか、「２年前、何を言ったかな」とか、そこまで全部フィルターをかけて検索することができますので、非常にいいツールとなっている。また、コミュニケーションというのをリアルタイムで取れるようになった。今までは営業に電話をしてとか、「すみません。今、お客さまと商談中です」とか、そういう無駄なことがあったのも、全部こういう Slack というもので取りあえずそこに入れておけば、一番早く見たタイミングでちゃんとした返信があるということで、そういうコミュニケーションロス、時間のロスというのも、こちらでなくなった。もちろんこれはスマホ対応ですので、外出中であろうが、出張中であろうが、いつでもできるので、待つという時間がなくなったのも生産性が上がった１つの理由かと思っている。

図表４-２-18　社内業務連絡チャット「Slack の活用」

Slack

・業務に関する社内連絡にはチャット感覚で気軽にやり取りができる「Slack」を使用している。
・プロジェクトや部署の増加に伴い、必要に応じてフォローができるようチャンネルを細かく分けて活用。

導入の効果

・チームでも1対1でも、リアルタイムでコミュニケーションをとれるようになった。
・メールでやり取りをしていたときよりも、スムーズに業務の連絡や相談ができている。
・外出中でもスマホからやり取りができる。

6）「Zoom」の活用

　次は、Zoom である。このリモート等が始まるずっと前から、当社では、ま
ず Google ハングアウトというものを実際当初は使っていたが、Zoom という
ものを約 1 年半、2 年ぐらい前から使っている。当社の壁には、大きいモニ
ターを設置して、東京と大阪を常時接続しております。あと、その他に工場な
ども全部、実は常時接続しているモニターがある。これを何でやっているかと
いうと、実際にここで話し掛けると、向こうに「オーイ」と言うと「オーイ」
というかたちで、本当にレスポンスがよくコミュニケーションが取れるという
ことが 1 つのメリットになる。当初、モニターを付けたときは「私たちは監視
されるのではないか」とか、「これは東京を監視するために大阪本社が仕掛け
た嫌がらせか」というようなことがありましたが、実際にこれを使っていく
と、商品で分からないときとか、東京の電話が大阪にかかってきたとき、同じ
部署同士で映しているので、そのコミュニケーションというのがものすごく取
りやすくなった。そういうことですので、この回線が不安定でちょっと Zoom
が落ちたりすると、もうみんな仕事そっちのけでこの Zoom をつなげることに
一生懸命になるぐらい、常につながっている安心感というものは社内でもすご
く浸透してきているので、Zoom を嫌って言うスタッフもいなくて、むしろ
「もっともっと見えるようにしてくれ」というのが多くなっている。あとはこ
の Zoom で、当たり前ですけど、出張回数も減っているので、経費や移動によ
る時間ロスの削減にもつながっている。

　IT クラウドはたくさん使っているが、あえてアナログな取り組みもしてお
り社内報というものを出しています。約10年以上出している。自社の売上や、
社長の総括というのを毎月、月 1 回出している、それぞれの幹部からの所感っ
ていうものもやっており、従業員とのインタビューとか、従業員に50の質問と
か、そういう部分も今やっている。

図表 4 - 2 -19　「Zoom の活用」

Zoom

・大阪本社と東京営業所は常時「Zoom」をつなぎ、モニターでお互いの様子が見えるようにしている。
・リモートワーク中のスタッフにもタブレットを支給し、勤務中はZoomで常時接続。

大阪本社　　　東京営業所

導入の効果

・常にビデオチャットで顔を見て会話ができる状態にすることで、離れていてもホウレンソウがスムーズになるだけでなく、朝礼やミーティングにも同時に参加して、情報共有やコミュニケーションを確実に行えるようになった。
・本社と営業所間の出張回数が減少し、経費や移動による時間ロスが削減できた。

図表 4 - 2 -20　社内報

社内報 インサイドオブトモヤス

・2010年から10年以上続けている社内報は、月1回全従業員に配布している。
・前月の売上や目標達成率を開示するとともに、社長と各部署のリーダーや担当者のコメントを掲載。
・会社の内容、現状、経営陣の考え方をしっかりと伝えるため、ガラス張りにすることで共通認識を皆で共有できるソース。

7）個人面談

　あと、その他重要なアナログな取り組みでもありますが、2007年ごろから
やっている、半年に１回、社長と全スタッフが１対１で話す個人面談というも
のをつくっている。トイレが当初は男女共用で和式でしたが、勤務環境とか会
社への要望でトイレを洋式にしてほしいとか、そういった声があってちょっと
ずつ変えてきたことが、スタッフの信用と、あとは生産性、効率化につながっ
ている。もともとのモチベーションという部分に結びついたのではないかなと
思っている。当初４人から始めたため、楽にできたのですが、今はスタッフも
80名以上いるので、全員と個人面談をやるので、２週間ぐらいかかる大仕事に
なっているが、まだ続けている。

図表 4 - 2 -21　個人面談

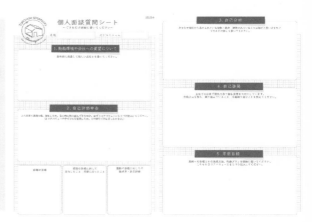

　以上の取り組みの結果、離職率31％だったのが、離職率が５％、直近ではほぼ０％に近づいている。誰が今どんな仕事をしているのか、どんな気持ちでいるのかということをリアルタイムで把握することが、実は生産性向上に一番つながっているのではないかと考えている。今からこの５年で日本の人口が約400万人減ると言われている。実は2015年というのが日本の人口のほぼピークで、今2020年で下がってきていて、2025年で約400万人が減るって言われている。だからこそ私たちは生産性効率を上げるには、まずスタッフ、その人を雇い続けることが生産性を上げることと位置づけて、いろんな取り組みをしている。今では86名のスタッフが当社で働いており、今後もさらに増やしていきたいと考えている。

図表４ - ２ -22　取り組みの結果①

取組みの結果

・プロジェクトの進捗状況や営業活動

・人脈のつながり

・誰が今どんな仕事をしているのか

・どんな気持ちでいるのか

を**リアルタイム**で把握することが可能に。

図表4-2-23　取り組みの結果②

　6名の町工場だった当社も、様々な取組みを取り入れる事で、今では86名の従業員が活躍しています。

　今後については、今、リーダー制というものを敷いており、約7名のリーダーがいるが、そのうちの5名が女性で、経営の数字など、いろんなものをこのリーダーたちによってリーダー会議で決めていってもらっている。当社は、IPOとかそういったものに今のところはまったく興味がないので、私が卒業するときには、そのリーダーも卒業するわけですが、そのころにはまた新しいリーダーが育っていて、会社が永続的につながっていき、できるだけフラットな組織を保ちつつ戦力を上げていきたいなという想いで、今取り組んでいる。いろんな会社がやられている取り組みで社内に取り入れられることは全部取り組んでいきたいと思っている。

3 テレワークの導入から定着の企業事例
「働き方改革（Design Your Day！テレワークの導入から定着）による労働生産性向上」

久野　慶太

日本ベーリンガーインゲルハイム株式会社　人事本部人事企画部　部長

1 ┃ 会社概要

　当社は、株式を公開しない、ドイツに本社を持つグローバル製薬企業である。ヒト用医薬品、動物用医薬品の製造・販売、及びバイオ医薬品の受託製造をメインにビジネス展開している。全世界の社員数は約5万1000名で、研究開発に力を入れており、グローバルに展開している。日本ではグループ全体で約2000人の社員数で医薬品の製造、販売を展開している会社である。

図表4-3-1　会社概要

2 ｜ 働き方改革「Design Your Day!」

　当社の「働き方改革」は、1日24時間をどう活用するか、どうデザインするかを社員1人1人が自分で決めて取り組んでいただきたいという思いで「Design Your Day!」をかかげて活動を始めたものである。

　働き方改革の目的は会社と社員の持続的な成長で、社員が成長できる機会を創り、その結果として会社も成長するということを目指した。また、社員の意識変革、行動変容、そして組織風土の変革に貢献できればという思いで2017年に活動を開始した。

　多様な働き方、休み方を促進していこうということで、限られた時間で最大の成果を出すことと、オン・オフ、つまり仕事中・仕事外、それぞれの時間の質を上げていこうということを目指した。結果として、当社にもともとあったコアタイムのない完全フレックス制度とこのテレワーク制度をうまく融合させることで生産性を向上することができたと振り返っている。

図表4-3-2　働き方改革「Design Your Day!」の概要

　2017年10月に導入した本テレワーク制度で、同年に東京都から「時差Biz推進賞」のワークスタイル部門で推進賞を受賞、2018年には、総務省や厚生労働省が共催されている「テレワーク先駆者百選」や「輝くテレワーク賞」で推進者の個人賞を受賞し、2019年には、テレワーク協会から「テレワーク実践部門奨励賞」を受賞した。このような受賞歴からご理解いただけるかと思うが、当社は、テレワークの浸透にたいへん力を入れてきている。

図表4-3-3　テレワークに関する受賞歴

平成29年度の受賞 (2017年)

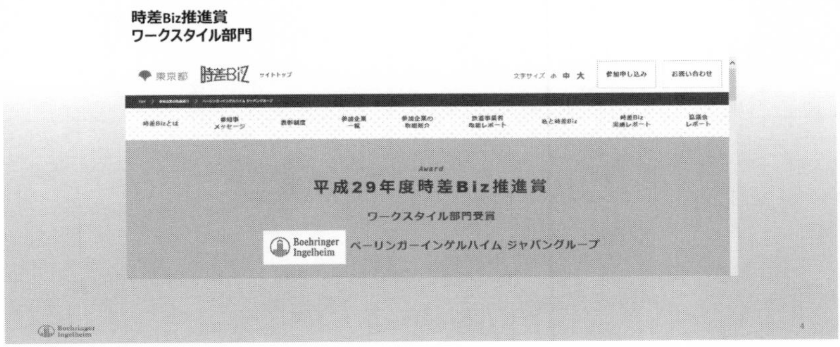

平成30年度の選出・受賞 (2018年)

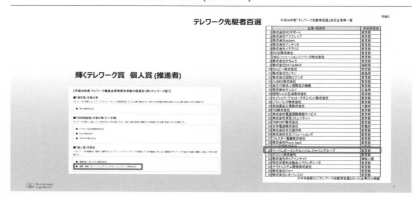

平成31年度の選出・受賞 (2019年)

3 ｜ 在宅勤務からテレワークへ

　有名無実化していた在宅勤務から、よりフレキシブルな働き方が可能なテレワークにシフトすることで、社員の働き方の選択肢を増やし、労働人口が減少するなかでも、優秀な人財の確保につながると考えた。また、不慮不測の事態への対応を可能とすることは、社員と会社にとってプラスになると考えた。それから、健康経営と生活の質の向上である。また、本社オフィスのリノベーションによりオフィスの最適化が計画されており、その環境への準備という意味もあった。最後に、当時の政府方針とのアライメントというところが、活動開始当時の狙いとしてあげられる。

図表4-3-4　在宅勤務からテレワークへの背景とねらい

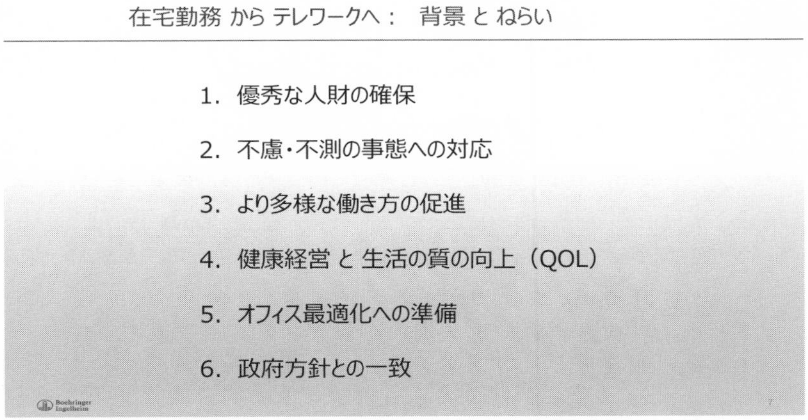

在宅勤務 から テレワークへ： 背景 と ねらい

1．優秀な人財の確保

2．不慮・不測の事態への対応

3．より多様な働き方の促進

4．健康経営 と 生活の質の向上（QOL）

5．オフィス最適化への準備

6．政府方針との一致

4 ｜ 導入の肝となったパイロット

　「Design Your Day!」のコンセプトは、柔軟性と社員1人1人の自律／自立

の掛け合わせということで取り組んだ。各社員が 1 日を自身でデザインして、オン・オフそれぞれの質を自分で工夫・向上することで、限られた時間で最大の成果を上げることにつなげることが「Design Your Day!」の根幹となる。

　また、当社では、「Maximum Freedom」という表現をしているが、「いつでも、どこでも、理由を問わず」ということで、1 日 5 分単位から、最長は 1 日の標準時間全てでもテレワークを活用することができる。月単位で総労働時間を管理し、完全フレックス制度とうまく融合させることで、場所、時間、理由を問わず工夫して 1 日をデザインできるところを当社の特長としている。

　一方で人と人との直接的な交流も重視しており、直接対話をすることによるイノベーション、新しいアイデアの創造を大切にしている。現在、コロナ禍で体験されているとおり、オンラインによる対話だけでは、どうしてもチームあるいは会社への帰属意識が薄れることもあり、当社では、月間総労働時間の50％は出社することを推奨することとした。

図表 4 - 3 - 5　「Design Your Day!」のコンセプトと特徴

キーコンセプト と 特徴

Design Your Day!
- 柔軟 × 自律
- 自分の1日を自分で "デザイン" ＝ 設計する
- 時間の "質" を自分でコントロールし、限られた時間で最大の成果をあげる

いつでも、どこでも、理由を問わず（Maximum Freedom）
- 1日 5 分単位で、分割取得も可能

人と人との直接的な交流も重視
- 月間総労働時間の50％以上の出社を推奨
- 即座のフィードバック、カジュアルな会話や対話から生まれるひらめきやアイデア
- 信頼関係・チームワークの強化

　テレワーク制度導入以前の課題としては、2008年に導入した在宅勤務制度では、場所は自宅のみに限定されていた。申請プロセスも複雑で、部門内での承認や人事への申請があり、取得理由によっては適用が認められないこともあった。その頻度も週2回、確定した曜日、時間という制約があり、完全な在宅勤務のみしか認められていなかった。それでは、柔軟性が低く、当該制度は全社員の1.5%という極めて低い利用率であった。

　その状況から大きく進化するべく、社員の自律／自立、お互いの信頼をベースに、かつての自宅のみという制限から、酒の席、ジム、銭湯、まんが喫茶、インターネットカフェなどの情報保護がかなり緩くなるリスクのある一部の場所を除き、どこで働いても良いという方針に切り替え、申請についても、複雑なプロセスを全て排除して、原則前日まで、状況によっては当日でも良く、上司と確認さえできていれば、テレワークできることとしている。理由についても伝えることは必須ではなく、仕事のオン・オフのバランスを自分でデザインすることとしている。

図表 4 - 3 - 6　テレワーク導入前の課題と導入後の変化

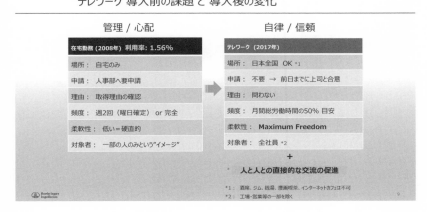

　他方、上司、部下、同僚、あるいは部門横断的に人と直接対話する機会も大切ということで前述の50％ルールを続けている。もともとの在宅勤務制度が硬直的なものであったことに対してかなり柔軟性の高い制度を導入したのである。

　また、制度の導入前に上司と部下それぞれの観点でどのような懸念点や思い込みがあるのかを調査したところ、上司の視点では「労働時間管理をどうするのか」、あるいは「コミュニケーションが悪くなるのでは」といった懸念があり、一方、部下の視点からは「テレワークを活用している社員は低く評価されるのではないか」、「テレワークばかり活用していると周りから白い目で見られるのではないか」、「結局、絵に描いた餅で活用できないのでは」との懸念や思い込みがあった。これらをパイロットの期間中にしっかりと検証しようということで、人事部門から継続的にコミュニケーションを発信しながら、パイロット期間中は「とにかくやってみよう」と半ば強制的に体験してもらうということを啓発し、合わせて、組織として多様性を受け入れることも大切だというところを啓発した。

図表4-3-7　テレワーク導入への懸念・思い込み

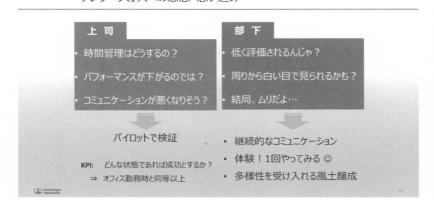

　プロジェクトチームの発足については、会社から「これをやろう」、「あなた、これをやってください」というトップダウンの流れでチームが発足したのではなく、人事本部で「今、社員が求めているのはより柔軟な働き方ではないか」という声が上がり、ボランティアで人事本部内の部門横断的なメンバーが集うことでチームが立ち上がった。

　立ち上げからプランニングに3.5カ月を使い、その後、小規模なパイロットとして、まず人事本部員だけを対象にテレワークを必ず週1回は体験しようというルールのもと実施した。その結果を分析し、参加者を対象としたアンケートとともに課題の洗い出しを行った。その結果が肯定的であると判断できたため、規模を拡げて、部門横断的に対象者を募り、約200人の社員を参加者として、第二弾のパイロットを実施した。人事本部内で行った小規模なパイロットとアプローチは同じで、週1回は必ずテレワークを体験してもらい、その体験を通じての勤怠データの分析と参加対象者の声を拾い、あらためて課題の検証を1.5カ月かけて進めた。最終分析に約2カ月をかけて、最終の提案を経営層に諮り、承認を取得し、当時の日本法人のトップであるCEOも「これはすぐにでも導入して欲しい」と非常にサポーティブな反応だったので、それも追い風となり11カ月という短期間での導入が実現できた。

　アンケートは「本人」「上司」「周囲」それぞれの視点で、質、スピード、労働時間、コミュニケーション、場所、気持ち・健康の変化、と何か不具合がありますかという7項目で実施。全項目の平均が5段階評価において3以上で、特に質とスピードについては平均ではなく単独で3以上であることを導入の目安にすることとした。導入時点で直ちに生産性が向上されることは必須ではなく、オフィスに出社して勤務することと比較して、テレワークにより生産性が落ちていないことをベースラインとしてスタートして、定着したのちに、最終的に生産性が向上することを期待した。

　アンケート結果は、仕事の質、スピードという点では、否定的な回答が1～3％と、ゼロではなかたが、大多数が「変わらない」もしくは「よくなった」

という回答で、非常に手応えを感じるものであった。

図表 4 - 3 - 8　テレワーク導入までの流れ

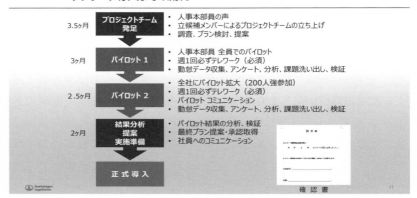

図表 4 - 3 - 9　アンケート結果：懸念事項の検証（仕事の質・スピード）

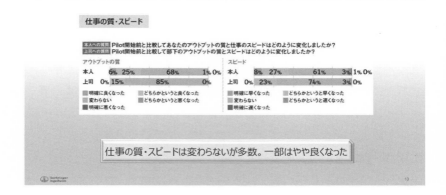

コミュニケーションの点では、確かに"量"については、4分の1の対象者が「コミュニケーションの量が減った」、あるいは少数とはいえ「明確に減少した」という回答であった。その一方で"質"についてはおよそ10分の1の回答者のみが「質がどちらかというと低下した」ということであった。つまりテレワークで、オフィスで勤務中に「ちょっと、ちょっと」と声を掛けるような場面は当然減るため、"量"は減ったものの、"質"は心配していたほど落ちていないということが示された。もちろん"質"についても改善機会はあると考えられるが、それについては導入をしていきながら改善を図っていくことで良いと判断した。

気持ちの観点では、テレワーク活用者本人は、「明確に期待が高まった」、あるいは「どちらかというと期待が高まった」という回答者が3分の2を占め、テレワーク活用者の上司側にいたっては、約7割がとても有効、あるいは有効、つまり導入するべきという反応であると判断できた。

図表4-3-10 アンケート結果：懸念事項の検証（コミュニケーション）

アンケート結果： 懸念事項の検証（コミュニケーション）

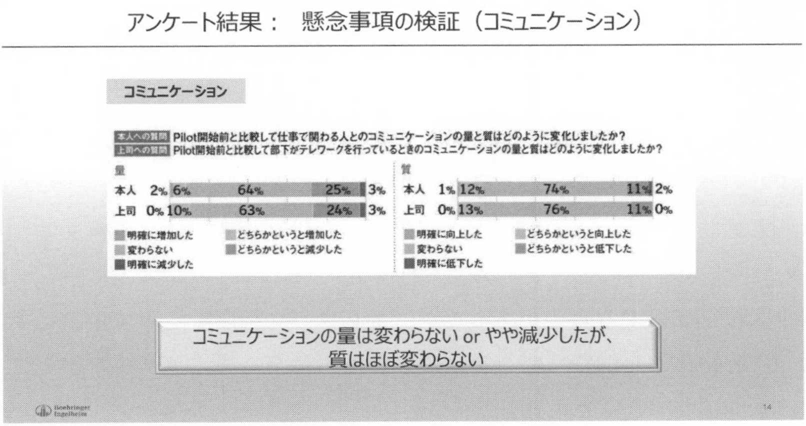

図表 4 - 3 -11　アンケート結果：気持ち

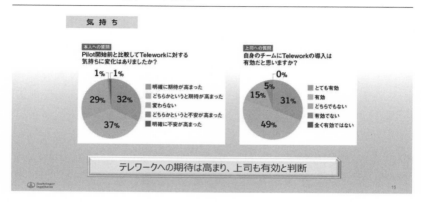

また、実際の声として、「集中できる」や「効率アップ」という生産性に直接関係するもののほか、家族との時間、例えばご飯を一緒に食べることができるなどプライベートの時間が増えたというものも多かった。終日テレワークの日は通勤の必要がなく身体が楽であるとか、不測の事態にも柔軟に対応できたという声も少なくなく、パイロット開始前はだらだらと仕事をしてしまうのではという不安、懸念もあったが、テレワークという上司が直接見えていないところだからこそ、時間管理そのものに対する意識が上がり、決めた時間で結果を出すという意識が高まったという声があったことは、非常によかった点の1つだと実感している。その他、1人住まいの社員は、宅配便を直接受けとらないといけないということや、家の点検・修理の対応のために従来は半日や終日の有給休暇を取得する必要があったが、テレワーク制度を活用することで、必要以上に有給休暇を消費してしまうことなく1日をうまくデザインすることが出来るようになったことも確認できた。

　ここまでの肯定的な反応の一方で、チャレンジとしては、1人で仕事をするのは寂しい、もうちょっと慣れる必要がある、あるいは運動不足になりそう、

との声が少数ながらあった。また、プライベートな状況、個人や家庭の事情によってはテレワークを気持ちよくできる環境にない、選択肢とならないという社員もいた。海外と異なり、日本の住まいは自分の執務スペースが整っているとは限らず、また、オフィスのほうが効率の良い場面や議題もあり得るので、顔を合わせての対話が大事なケースを想定して"50%ルール"を当時から重要視している。

5 ┃ テレワーク勤務制度正式導入

　パイロットの結果が全体的に肯定的であったため、2017年10月にテレワーク勤務制度を正式導入した。対象者は一部工場、営業現場を除く全社員ということで、場所は国内であれば不問である。5分単位から活用可能で、いわゆる深夜時間外の対象となる夜10時から朝5時の間を除く時間であれば、どの時間帯でも問題なく、頻度としては月間の総労働時間の50%以上は出社を推奨するというものである。その基準を守ってもらえば、1週間のうち4日間でも5日間でもテレワークをすることが可能であり、「明日は3時間だけテレワークしてその後出社しよう」など、自分で工夫してその日をデザインしてもらうかたちとなる。

　利用条件は、上司がテレワーク制度の利用を可能と判断し、制度の理解とルールを遵守できる社員となる。また、将来的に上司判断の一部に変更する可能性が高いが、前年度評価による制約も存在する。

　また、申請プロセスは、前日までを原則として上司・部下間で合意をしておくこととしている。つまり上司は部下が何をしているかを把握しておくべきということであるが、その合意形成の仕方については、部門ごとに自由に決めてもらっている。

　なお、テレワークにかかる諸経費、例えば自宅での印刷代、Wi-Fi などのネットワークの設定のための費用、光熱費などについては会社からの補助はな

い。テレワークはあくまでも社員が自身で選択できる選択肢の 1 つとして会社が提供しているということで位置づけている。

図表 4 - 3 -12　テレワーク勤務制度の内容

BI Japanのテレワーク勤務制度

対象者:	全正社員　*1
場所:	日本全国 OK　*2
時間 :	5分単位で、5:00 - 22:00 の間とする
頻度 :	上限なし　※月間総労働時間の50%以上の出社を推奨
利用条件 :	上司がテレワーク制度の利用が可能と判断した者
	制度の理解とルールを遵守する者
	前年度評価がMeet以上の者
合意 :	前日までに上司と部下で合意（メールで日時・場所を通知）
その他 :	テレワークにかかわる諸経費は自己負担とする
	上司裁量でテレワークの否認・中止/中断・出社指示ができる

*1 : 工場・営業等の一部を除く
*2 : 酒席、ジム、銭湯、漫画喫茶、インターネットカフェは不可

図表 4 - 3 -13　テレワーク勤務制度の制度上の工夫

制度上の工夫

テレワークの定義＝どういう状態がテレワーク？

1. 上司・部下で事前の合意がある
2. 業務に集中できる環境下にいる
3. 情報セキュリティが確保できる
4. メール・電話・Skypeにオフィス勤務時と同様の反応ができる
5. VPN接続をして、Skypeでテレワーク中の旨を表示をする

上司裁量でテレワークの否認・中止/中断・出社指示ができる

月間総労働時間の50%の出社を推奨（出張・オフサイトも出社とみなす）

- パイロット期間中のテレワークの利用頻度： 5時間 / 週
- パイロット参加者の約10%が週の半分以上をテレワークで勤務した週があった
- アンケート結果： Face to Faceのコミュニケーションも必要という声

　次に、運用上の工夫としては、ルールとしては、最大限に自由度を上げなが
らも人と人との直接的な対話の機会を重視していることを掛け合わせている。
また、「どこで、いつ、どんな理由で」は問わず、ほかの制度との相乗効果を
きっちり出してもらう。他方、直接的な交流でのタイムリー且つ適切なフィー
ドバックを通じて、人財育成をきっちりやっていきましょうということであ
る。そして、人財育成の観点だけでなく、社員本人も気付かない小さな変化を
上司、周囲が気付いてあげる機会にするという考え方である。また、そのよう
なカジュアルな会話から、いろいろな創造的なアイデアを見つけ出しましょう
ということである。

図表 4 - 3 -14　テレワーク勤務制度の運用上の工夫

運用上の工夫

Maximum Freedom × 人と人同士の直接的な交流

- 場所、頻度、理由、申請を柔軟に
- 管理 ➜ 自立
- HR ➜ 上司判断・裁量へ　⇔
- 既存の制度とのシナジー

- 即座のフィードバックによる育成
- 本人も気づかない小さな変化に気付ける機会
- カジュアルな会話や対話から生まれるひらめきやアイデア
- 信頼関係・チームワークの強化　など

Digital や コミュニケーションツールの活用

- Skypeの活用、Web会議機器の設置

社員の理解・参加の促進

- 30回以上のFace to Faceの説明会を実施
- 専用イントラページにガイドライン、説明資料、FAQを掲載
- パイロット参加者は週に1回はテレワーク必須 ➜ やってみる

Boehringer Ingelheim

　もう１つ大事な点として、上司の裁量でテレワークを否認、あるいは中止、中断させること、またオフィスへの出社を指示することもできる。上司がそのチーム内での社員のテレワークの活用をしっかり把握、管理してもらうことで、労働時間管理は徹底してきているということである。

　ルール上の工夫としては、業務に集中できる環境下にあることと、情報セキュリティが担保できることはもちろんのこと、オフィスにいるときと同じレベルでの対応ができることを条件としている。そして、コミュニケーションツール上でテレワーク中であることを上司や同僚などの他の社員に表示することとしている。つまり、「Design Your Day!」の中で、社員自身が自らの責任のもと、情報管理、業務生産性、コミュニケーションの質へ影響が出ないようにしている。

　また、デジタルの最大活用ということで、いまでは当たり前のように使用している Business Skype や MS Teams というツールの使用を浸透させた。導入前には、対象社員に対して延べ30回以上の対面での説明会を実施し、また社内イントラネットに関連資料を掲載して、前述したテレワーク導入の目的や、テレワークの定義、ルールを徹底的に周知した。

　検討開始から約11カ月で導入することができた成功要因は、まず第一に、ボトムアップの提案とともに参画したいメンバーをボランティアで募り、そうして集まったメンバーが積極的にクリエイティブなアイデアを出し合って進めたことがあげられる。また、ボトムアップの提案に対して、トップマネジメントや鍵となる経営陣のフルサポートが得られたことも大きかった。そして、段階的にパイロットをおこない、その分析結果からの学びを素早く活かしながら進めることができた。

図表 4 - 3 -15　テレワーク導入の成功要因

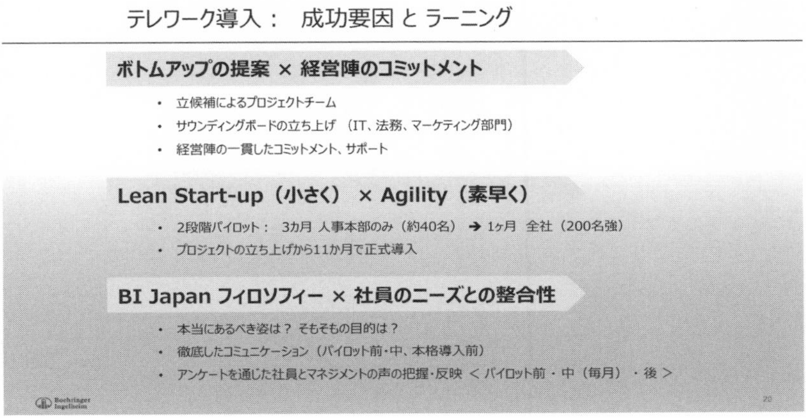

テレワーク導入：　成功要因 と ラーニング

ボトムアップの提案 × 経営陣のコミットメント
- 立候補によるプロジェクトチーム
- サウンディングボードの立ち上げ（IT、法務、マーケティング部門）
- 経営陣の一貫したコミットメント、サポート

Lean Start-up（小さく）× Agility（素早く）
- 2段階パイロット：　3カ月 人事本部のみ（約40名）→ 1ヶ月 全社（200名強）
- プロジェクトの立ち上げから11か月で正式導入

BI Japan フィロソフィー × 社員のニーズとの整合性
- 本当にあるべき姿は？ そもそもの目的は？
- 徹底したコミュニケーション（パイロット前・中、本格導入前）
- アンケートを通じた社員とマネジメントの声の把握・反映＜パイロット前・中（毎月）・後＞

6 ｜ 実態調査アンケート結果

　導入半年後にアンケートを実施した。そのアンケート結果では、テレワークの利用は対象社員の約8割で、利用頻度は、週3回が7％、週1回が22％、月2～3回が約20％、月1回程度が15％ということで、導入から半年で浸透し始めてきたという手ごたえがあった。

図表 4 - 3 -16　実態調査アンケート概要

実態調査アンケート　概要

- ・　時期：　　　　2018年3月22日（木）～4月6日（金）　16日間
- ・　対象：　　　　テレワーク対象者
- ・　カテゴリー：　上司、本人、同僚
- ・　目的：　　　　導入から半年経過時点の実態調査

	回答率	回答者数	対象者数
上司	**76.6%**	105	137
本人	**64.9%**	398	613
同僚	**56.3%**	345	

プレスリリース：2018年7月23日 独自のテレワーク導入により働き方に大きな変化 ～社員アンケートから～

図表 4 - 3 -17　アンケート：上司から見たテレワークの利用頻度

上司から見たテレワークの利用頻度

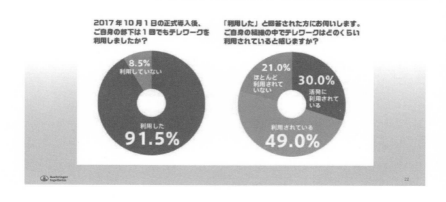

図表 4 - 3 -18　アンケート：本人の利用頻度

利用頻度 − 本人

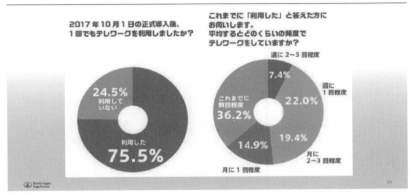

　生産性においては、上司目線でスピードについて「変化なし」、本人目線では「速くなった」という評価であり、質については、「よくなった」あるいは「変化なし」ということで、スピード、質ともに「よくなった」という回答が多数であった。強調したい点は、「悪くなった」という回答は少なかったということである。

　「もともとのオフィス勤務での生産性を50としたときにテレワークではどうだったか」という問い（50が「変わらない」、100に近いほど「生産性は上がった」、50を切った場合は「生産性が悪くなった」ということ示す）に対する結果は、「変わらない」もしくは「生産性が上がった」という肯定的な回答が上司目線、本人目線ともに確認できた。

　有用性に関しては、上司目線として、25%の「とても有効」を含めて約90%の管理者たちが有効と判断しているという結果が出た。

図表 4 - 3 -19　アンケート：生産性（１）仕事のスピードと質

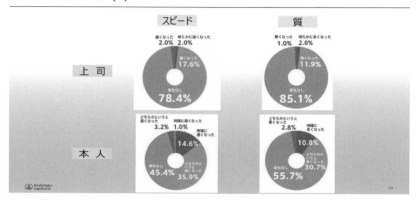

図表 4 - 3 -20　アンケート：生産性（２）オフィス勤務時との比較

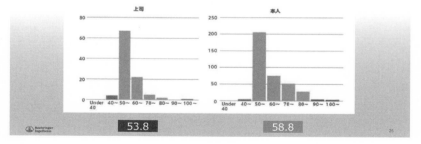

7 ┃ 今後の展開

　意識改革という点で、労働時間管理という観点でもワークライフバランスという意味でも、だらだら働かず、時間を決めてそこまでにきっちり仕上げることが大切となる。テレワークのときにテレワークに向いている仕事をして、オフィスに出社するときはそれに適した仕事をするという工夫も重要である。そして、さらにテレワーク活用を浸透させるために、会社から貸与されたPCだけでなく、プライベートのPCからも会社のネットワークに入れる環境を実現している。また、対象部門として製造現場や営業現場への適用拡大も検討しており、場所についても、国内限定から海外まで拡げることもトライアル的に進めている。

　最後に、この新型コロナウイルスに当分付き合っていかないといけない今の環境、難しい状況下において、このテレワーク制度が今のままのものでいいのか、変えていく必要があるのかという検討を行っているところであり、現在暫定的に在宅勤務を原則としている経験もこの検討の参考になると考えている。

4 ICTを活用した業務の生産性向上と人材育成企業事例「RPAを活用した業務生産性改革とデジタル人材育成」

佐々木 孝之

田辺三菱製薬プロビジョン株式会社ワークイノベーション部
デジタル推進グループ　グループマネジャー

1 ┃ 会社概要

　当社（田辺三菱製薬）は、2007年10月に合併会社として誕生、従業員数は7,000人弱の会社で、三菱ケミカルホールディングスの傘下の1つの会社という位置づけであり、実質上は340年の歴史を持った古い会社である。田辺三菱製薬プロビジョンは、田辺三菱製薬のなかのグループ会社の1つである。この会社は一言で言うと、田辺三菱製薬のシェアードサービス会社である。普通のシェアードサービスとは違い、1つの大きなミッションを掲げている。そのミッションは、「医薬品情報に係る業務および経理・総務・人事等の運営に係る業務を行い、RPA等を導入し、業務の効率化及び高品質化を推進」「田辺三菱製薬グループの情報・サービスを担う中核会社と位置づけ、デジタル変革を推進」である。つまり、ものを扱うのが工場、情報を扱うのがこの田辺三菱製薬プロビジョンという、普通のシェアードサービスとは異なるものである。今、この田辺三菱製薬プロビジョンのなかにRPAの推進事務局を置き、田辺三菱製薬全体のRPAを推進している。

　田辺三菱製薬プロビジョンは、多岐にわたる間接業務や定型的な業務を持っ

図表4-4-1　会社概要

ており、RPAをはじめ色々なデジタルツールを入れていくための実験を行い、蓄積したノウハウを田辺三菱製薬に大きく展開していく役割を持っている。

2 ┃ 取り組み経緯

　当社のRPAの取り組みについては、比較的早い段階で、RPAの情報をキャッチアップしていたので2017年8月頃から、RPAのトライアルを始め、12月には総務・経理・人事との合同トライアルを実施し、約2カ月間でロボットを10台、1,000時間の削減という効果を出し、実務で本格活用を開始したのが、2018年3月のことである。

　このころはRPAもそれほどメジャーではなく、会社のなかで機運が高まっていなかったが、世の中の機運とともに会社のなかでもRPAを本格展開していこうという話が持ち上がり、総務と情報システム部門がタッグを組んで全社展開プロジェクトを立ち上げ、自走型（現場でロボットを開発する）で展開する方針を決定した。

　また、全社展開に合わせて思い切って製品を切り替え、運用ルール作成などの本格検討に着手し、その後、営業本部がすぐにRPAを使用したいという話

があり、営業本部の先行展開を開始し、そして、2019年7月、田辺三菱製薬プロビジョンに事務局を移管し、全社展開を開始した。

3 ｜ RPA とは

　RPA とは、人がパソコン上でおこなう作業をソフトウエアに覚え込ませて、代行させる技術である。一般的には定型、繰り返し、大量が得意と言われているが、実はルールがあれば、RPA は可能であったりする。「私の業務は部門によってやり方が違う」、「勘定科目によってやり方が違うので、やっぱり定型じゃないので RPA は無理です」という言葉をよく聞くが、例外と言われることでも、ルールがあれば対応可能となる。代表例として「月末にエクセルの加工を行います」「大量のデータをシステムに繰り返し入力します」ということが得意だが、一連の作業（データをダウンロードし、加工し、メールに宛先を入れて、ファイル添付し送信する）も行うことができる。

　機能という切り口では、「システムやネットからデータをダウンロード」、「Excel の加工等」、「システムに入力」、「メールを送る」といったことができる。このような説明の後、社内からは、「結局、パソコン上の作業って全部できるのですか」という質問を受けることが多かったが、「基本、できないことはないと思っていいですよ」と回答をしている。尚、1年程運用した感想として、RPA が適用可能な業務というのは想像以上に多かったというのが感想である。ただ、製品によっては、苦手ものがあったりするので、注意が必要である。

　また、RPA が爆発的に売れた理由の1つが、ユーザーインターフェース（操作勝手）である。当社は「UiPath」という製品を導入しており、例えば、日常の業務において、「ブラウザを開く」、「セルに書き込む」といった自分の操作に対して、「この部品を使ったらいいんだな」ということが直観的に分かるような構造をしている。このように、①モジュールを選択 ②作業手順に従

図表 4 - 4 - 2　　RPA とは

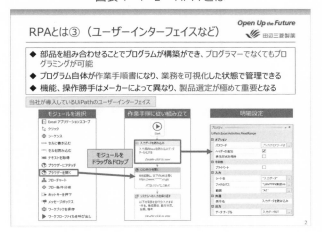

い組み立てる ③明細設定を行うという構造により、モジュールを組み合わせることで、プログラムが構築でき、プログラマーでなくてもプログラミングが可能になったこの仕組みが、RPA が爆発的に売れた理由である。さらに、RPA はプログラム自体を作業手順書のようなかたちで保管することができ、業務を可視化した状態で管理することが可能となり、マクロのようにブラックボックス化しにくいといった特徴もある。尚、実際の導入に際しては、機能、操作勝手がメーカーにより異なるので、製品選定が極めて重要となる。

4 ｜　RPA の展開方法

　RPA の展開方法は、自走型と事務局主導型という大きく 2 つの方法がある。自走型は、現場でロボットを作成するというものである。正直、現場への負担もあり、難易度は高いと言われており、私もそう感じている。しかし、自走型には、いくつかの大きなメリットがあり、その 1 つが業務に精通している人がロボットを作成するので、効率的にロボットを作成できるということである。

また、社員の機運が上がって、開発者を増やすことができれば、ロボットも増えやすく、ロボット作成時に業務の見直しや効率化が行いやすくなり、業務削減効果も出やすいという特徴がある。また、現場のITリテラシー、業務改善リテラシー、業務改革マインドが向上するというのが、一番のメリットと考えている。事務局主導型は、ロボット作成の専門の部署を設置し、事務局にロボット作成をお願いするという、システム開発に類似したスキームである。メリットとしては、少人数のため、ナレッジの蓄積が可能であり、効率的にロボットを作成でき、現場の負担も小さくなる。しかし、現場の業務改善リテラシーやITリテラシーの向上は難しく、業務改革マインドが向上しにくい面もある。

前述した、２つの展開方法のうち、当社は自走型での全社展開を行っており、2020年時点で、約１年経過している。

図表４-４-３　RPAの展開方法

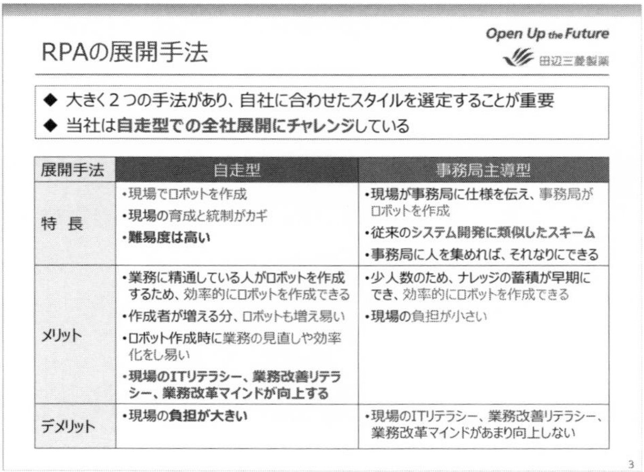

展開手法	自走型	事務局主導型
特　長	•現場でロボットを作成 •現場の育成と統制がカギ •**難易度は高い**	•現場が事務局に仕様を伝え、事務局がロボットを作成 •従来のシステム開発に類似したスキーム •事務局に人を集めれば、それなりにできる
メリット	•業務に精通している人がロボットを作成するため、効率的にロボットを作成できる •作成者が増える分、ロボットも増え易い •ロボット作成時に業務の見直しや効率化をし易い •**現場のITリテラシー、業務改善リテラシー、業務改革マインドが向上する**	•少人数のため、ナレッジの蓄積が早期にでき、効率的にロボットを作成できる •現場の負担が小さい
デメリット	•現場の**負担が大きい**	•現場のITリテラシー、業務改善リテラシー、業務改革マインドがあまり向上しない

5 ┃ 自走型を選択した背景

なぜ当社が自走型を選択したかといえば、次のような背景があった。

2016年、当時私は業務改革を専門とする部署に在籍し、1つ大きな課題感を持っていた。当時はクラウド、ビッグデータ、AI といった言葉が出始めていたころであり、私は「ああ、これから大きく世の中が変わっていくのだろうな」、「AI 時代が到来して仕事のやり方とかビジネスモデルも大きく変わっていくのだろうな」と感じていた。1995年にインターネット革命が起きた時と同じように、この AI 革命、ビッグデータ革命の流れも、不可逆的なことであり、この先、生き残っていく企業、もしくは大きく飛躍していく企業はどのような会社であるのかを考えると、そのような技術をうまく使いこなしていく会社だろうと考えていた。

では、そのような技術を使いこなせる会社とはどのような会社なのかと言えば、そのような技術を使いこなせる人材を抱えている会社であった。当時、一部の企業はデータサイエンティストや、システムに強い人間を集めるといったことを行っていた。

翻って、当社と日本社会を見たとき、IT リテラシーが低い、または、IT アレルギーのようなものが、当社に限らず、どこの会社にも共通してある課題であると考え、これから日本が世界と向き合っていくには、この問題を何とかしなければならないと感じていたのが、当時の課題感であった。

また、このころから、システム開発の大きな潮流の変化があり、5〜6年くらい前から、システム開発において、「1〜2年かけて、システム会社に要件定義をして貰い、バグ取りをして、やっと稼働するものの、稼働時には早い時代の流れの中で課題も変わっていながら、完成したのだから最低でも5年使おう」という時代から、クラウドを利用する、簡単なシステムはユーザー自身で作成するという、「プログラミングの民主化」、ユーザーが簡単にシステムを開

発できるように、複雑なコーディングを書く必要がない、もしくはドラッグ・アンド・ドロップで操作できる、ローコーディングやノーコーディングと言われる言葉と手法があらわれ、コストの抑制とスピーディーなIT活用が可能になるという潮流の変化があった。

　このような時代のなかで、私は以前にIT教育をしたことがあり、従来型のIT教育を行っても、ビッグデータ、AIの時代には、意味を成さないと考えていた。そんなときに私はRPAと出会った。RPAは、気軽に始められて比較的短期間で効果を出すことができ、楽しいだろうと考え、また、さまざまな部署で活用ができ、これによりプログラミング思考を身に付けることができるため、これは企業がデジタルシフトを進める入り口として最も適したツールであると、当時感じており、当社のRPA導入のきっかけ及び目的の一つとなった。

　社内説明会の際には、基本方針として業務改革に加え、ITリテラシーの底上げとITスキルの高い社員の育成を掲げ、これらを2019～2020年度の2年間に、ドライブをかけて実施し、全社にRPAを浸透させたいと説明を行った。そのため、ロボットの作成は、事務局ではなく、頑張って現場（利用部門）に

図表4-4-4　RPA全社展開の基本方針

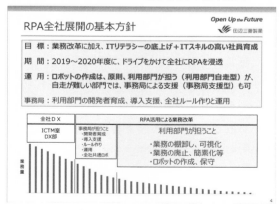

行ってもらい、事務局は現場の開発者の育成、自走が難しい部門への導入の支援など、さまざまなルールづくりと運用を行うことを説明し、社内に賛同をお願いした。

　もう 1 つ自走型を選択した合理的な理由がある。業務量が多いものは基本的に、システム化または、BPO を行い、そのため、社内に残っている小粒な業務については、IT 投資を行うにも、削減効果より開発コストのほうが大きいので、当時は、合理的な意思決定として人手で行うということであった。RPA が登場し、業務改善活動として RPA を活用することができれば、コストとしてはゼロ、サンクスコストと考えることができ、費用対効果の問題をクリアーできると考えた。

　また、現場の小粒な業務を事務局がヒアリングして要件定義をすると、相当な時間がかかる。つまり、「RPA を適用させる領域は、従来のシステム開発手法では、投資対効果が見込めずにシステム化を見送った小粒な業務が主なターゲットとなる」「小粒な業務の RPA 化は、業務を熟知した利用部門が行うことが、最も合理的である」といった観点から現場が RPA を行うことが一番合理的というのが、もう 1 つの理由であった。

図表 4 - 4 - 5　自走型を選択したもう 1 つの理由

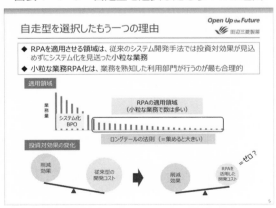

6 | RPA の活用事例

　当社がRPAを導入し、今行っている事例を2つ紹介する。1つ目は、勤怠管理業務であり、これは勤怠管理システムからデータをダウンロードしてきて、ファイルを分割し、「20時間超えています」月末になれば「45時間を超えましたよ」という案内メールの送信を行う、「ファイル分割とメール送信、これを30部門繰り返す」ということをRPAが代行して行う。勤怠管理システムのダウンロードもRPA化は可能であるが、今は最も多いエクセル加工系の業務のロボット化を先行しているところである。

　2つ目は、経費入力業務であり、これは、エクセルにデータがあり、それらを繰り返してシステムのなかに入力していくという業務で、これもRPAが代行している。請求書等の金額のみを人手で転記し、残り全部をRPAが代行すれば効率が上がるので、RPAを部分的に活用することも賢い使い方だと感じている。請求書等については、AI-OCRを使って自動化を行うことも予定している。

図表4-4-6　RPAの活用事例①

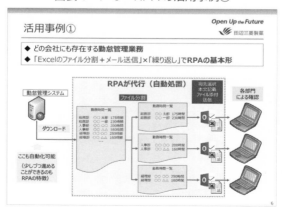

図表 4 - 4 - 7　　RPA の活用事例②

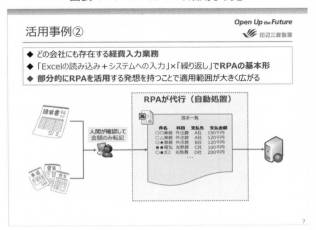

*　AI-OCR とは、画像のテキスト部分を認識し、文字データに変換するもの。契約書等
　を AI-OCR で全文を文字化して保管しておくと、検索効果も改善され、RPA と組み
　合わせることで大きな力を発揮する。

7 ｜　期待される効果

　RPA は、単なる人や時間削減というものではなく、本質的には付加価値業
務へのリソース配分と考えるべきだと感じている。

　また、業務品質の向上という切り口で言えば、次のような事例がある。月末
のデータチェック業務にて、入力規則に沿ってない入力を担当者がチェックを
して、各人に「間違っているので修正してください」ということにおいて、月
末にこのメッセージを受け取った人が 5 件も 6 件もあれば、やっていただけな
いということがある。これについては、「ロボットが毎日チェックをして、修
正してください」という仕組みに変更すると、1 件ずつなので、行っていただ
きやすくなり、毎日メッセージが来るので、メッセージを受け受け取った相手

も、勉強して間違いがなくなります。品質チェック等も、人間では難しいダブルチェックもロボットであればできるので、ロボットに行ってもらうことで、品質向上につながるという、期待もある。

　意思決定スピードの向上にも貢献していると考えられる。例えば、出勤後にデータをシステムからダウンロードして加工して、午後から分析会議を行う業務であれば、RPA を導入することで、それらを夜間のうちにロボットが実施してくれば、朝一番から分析会議をすることができ、リードタイムを縮めることができる。

　業務の可視化、標準化の促進という視点では、RPA を作成するなかで、自然と業務が可視化され、「あっ、こんなことをしていたんだ」という気付きを生み出し、結果として標準化なども進んでいきます。また、IT リテラシーやIT スキルの向上が見込まれる。

　モチベーションの向上にも期待ができ、私が業務生産性改革を行うにあたり、「モチベーションを上げるってどうしたらいいのだろう」という疑問に対し、一番簡単な方法は、アンチモチベーション業務（単純作業）からの解放で

図表 4-4-8　期待される効果

効果	説明
付加価値業務へのリソース再配分	RPAよる削減された時間を付加価値業へ振り分ける
業務品質の向上	人間が作業：月1回、週1回が限度　RPAが代行：毎日実施
意思決定スピードの向上	人間が作業：出勤後　RPAが代行：夜間
業務の可視化、標準化の促進	RPA化の過程で業務の可視化、標準化が自然と進む
ITリテラシー、ITスキルの向上	RPAの開発スキルを身に着ける過程でITリテラシー、ITスキルが向上する
モチベーションの向上	奴隷のような単純作業から解放さる

ある。会社に入って誰がやってもよい、またはできるような、単純作業については、皆さん「やりたくない」ということが多く、RPA はこのような業務から解放できる期待もある。

8 ｜ 自走型 RPA の全社展開方法（スケール化）

　RPA の全社展開（スケール化）については、多くの事例を研究した結果、「自走型の全社展開の成功を支える 3 つの要件」を満たせば上手くいくという結論に達した。

　1 つ目は、現場が RPA に対してやる気を起こして業務を見つけてきてくれるということである。事務局は、現場にどのような業務が存在するのか表面的なことしか理解していないため、現場にしっかりと業務の発掘を行っていただく必要がある。2 つ目は、業務を発掘したあと、本当に現場でロボットを作成できるのかという問題である。

　3 つ目は、ガバナンスである。例えば、開発者が100名、利用者が5,000人を超える規模で統制をうまく利かせていくと考えたときに、ガイドラインを作っても、それだけで守らせることは難しく、可能な限りハード統制をかけることが重要である。以上、この 3 点をうまく押さえていけば、自走型はうまくいくのではないかと考えられる。

　現場を巻き込むうえで、最初に行うこととして、啓発活動をきめ細かく対応行うということである。全社展開をするときに全社説明会は必須であり、私も説明会を 3 回ほど行い、合計100名ぐらい参加いただいた。そこで、事務局の考えや思い（5 年先を見据えて会社の IT リテラシー、IT の素地づくりを実施したい）をしっかりと伝えるということが大切となる。また、私は全社展開の説明会の前に草の根活動として、多くの部署に対して要望に応じて説明会をしており、そのため、全社展開前から 3 分の 1 の部署には RPA が浸透していたというのも、うまくいった 1 つの理由と感じている。

図表 4 - 4 - 9　自走型 RPA の全社展開の成功を支える 3 つの要件

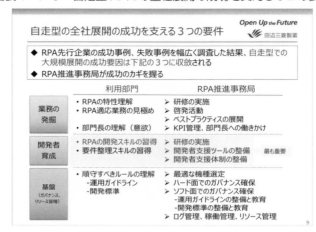

図表 4 - 4 -10　現場の巻き込み

　全社展開後も、多くの部署から「もう少し詳しく聞かせてほしい」という話があったが、その部署の特性を把握し、その部署に応じて内容をカスタマイズした説明を行った。興味を持っていただくためのコツとしては、動画を用意してRPAが動いているシーンを目の前で見せることが一番効果的で、目の前でシナリオをつくって「こんなに簡単につくれるんですよ」というようにハードルを下げることも効果的である。それから、リスクと処方箋をしっかりと説明することである。「事務局がRPAのことをここまで深く理解しているのであれば、事務局の言うとおりにやれば安全ということが分かりました。私達はリスクについては事務局にお任せします」という雰囲気を醸成し、現場の開発者が安心してロボット作成に専念できる環境作りをするという視点も必要である。

9 ｜ RPA展開モデル（基本戦略）

　推進事務局の仕事は全てのキーになっているので、まず、大きな基本戦略を定めることが大切である。

　最初は研修が鍵となり、私は社外の研修にも足を運んだが、テキストも難しく、題材も実務とかけ離れたものが多く、研修テキストは自社で作成した。題材も、社内のヘルプデスク等を利用し、身近に親しんでいるシステムや、実務で必ず出てくるような作業の題材を用いることで、イメージを膨らませていただいた。

　また、2日間の研修の最終日に「私はこの業務をRPA化します」ということを宣言することも実施した。

　その後、事務局が一緒になってロボットを作成するハンズオン型というスタイルで現場による開発が始まり、研修であれば、答えがあるので比較的簡単に解けるが、実務だとやはり難しく、ほとんどの方は自力でロボットを作ることが難しくなる。これを事務局と一緒に作成することで、徐々に現場が自力でで

きるところが増えてきて、４、５台目のロボットを作るころになると現場が自分たちでつくり、事務局は難しいところの質問を受けるというようなかたちとなる。

　研修ではきれいな問題しか扱わないので、実際のRPA開発ではインターネットが固まった、エクセルでポップアップが出てきたなどのイレギュラーも多く、その対処方法などを教えており、また、開発者のモチベーションを上げる手助けをする。現場がどこで悩むのかをサポートを通して見ながら、FAQ化、部品化、研修テキストの変更につなげるというマーケティング活動に近いことも実施している。

　また、ここまで進むと、各部署の代表者が「エバンジェリスト」となり、RPA活用の推進が開始される。

　部署の人間が自分の言葉で「RPAは当部のこういう業務に活用できるんです」ということを自部署の中で話すことが、一番説得力があり、彼らだからこそ適用業務の見極めが可能となるため、これが当社の基本戦略である。

図表４-４-11　RPA展開モデル（基本戦略）

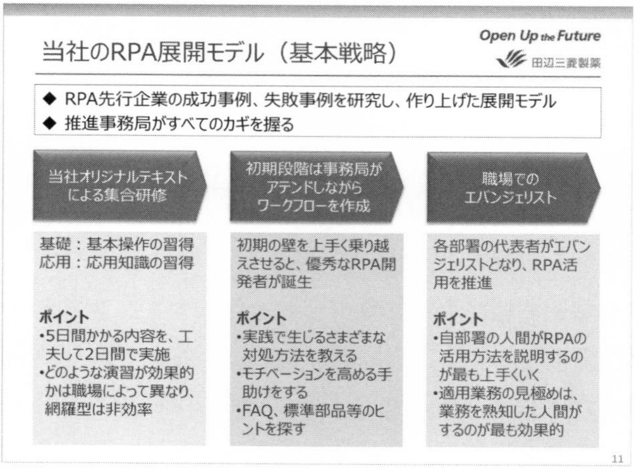

10 ┃ RPA 開発者の育成・支援体制

　開発者の育成については、最も難しいと言われているところであり、体系立ててまとめると、集合研修、支援ツール、支援体制の3つがポイントとなる。まず集合研修は、基礎研修（6.5時間）と応用研修（6.5時間）の13時間及び、ガバナンス研修（2時間）を実施し、RPA の特性やガバナンスの理解、開発スキルの習得を目的とし、しっかりとルール等を教える。研修以外としては、支援ツールとして、解説書、FAQ、モデルサンプル、共通部品、自部署で説明するため啓発ツールを提供する。

　支援体制については、ハンズオンサポートというスタイルを行っている。また、最近では掲示板も導入しており、Teams を使ってユーザーが掲示板に質問を投げ、質問に対して事務局が答える仕組みである。最終的には「質問に対して、ユーザー、事務局を問わず、知っている人が自由に回答する」ということを目指しており、今でもこの掲示板を利用し、ユーザー同士で問題解決していたということがある。

図表 4 - 4 -12　RPA 開発者の育成・支援体制

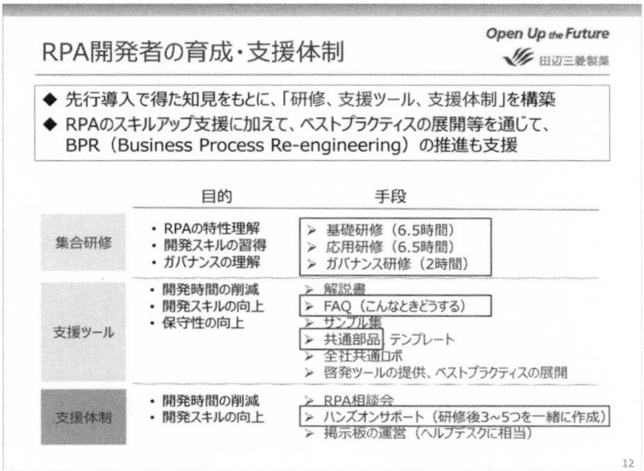

11 ┃　推進事務局の仕事

　推進事務局の仕事は多岐にわたり、1つ目は、開発支援と言われております
ハンズオンサポート、出来上がったロボットをしっかりと確認し、フィード
バックや微修正を行う審査業務になる。場合によっては、作成代行といったこ
とも、柔軟に行っている。2つ目は、共通部品やテンプレートの作成といった
支援ツールの作成である。3つ目は、リサーチであり、RPA製品はまだ出始
めたばかりなのでバージョンアップや新しい機能がどんどんと出てくるため、
機能調査や動作検証を行っている。また、RPAを中心として他のデジタル
ツールの調査、展開を行っている。4つ目は、説明会や相談会、ベストプラク
ティスの展開といった普及活動である。5つ目は、ルールの改定や、ロボット
IDの管理、ロボットの稼働状況管理、エラー監視、ログ解析、システムアッ
プデートに対するユーザー周知といったガバナンス全般である。

　尚、推進事務局の人数は最初に多めの人数にて行うことを推奨する。RPA
の最初の検討（展開前）時は、わからないことも多く、朝令暮改的なことが多
くなり、人数が多いと、タイムリーな情報共有も難しくなるため、最初の人数
は3人程度の少ない人数を推奨する。だが、RPAの展開が始まると、ユー
ザーが増加するので、その対応のためにも、人数を多く用意することを推奨し
ている。当時、私は事務局の人数について、2〜3年でRPA化が終了したと
きの懸念を伝えられたが、事務局業務でRPAや新規デジタルツールの研究を
した人間というのは、今後どこの部署でも欲しがる人材になるので安心してい
ただきたいという話をして、「それはそうだな」ということになった。実際に、
デジタルに強く、事務局業務ができ、部署とコミュニケーションもできる人材
は、どの部署でも重宝されるかたちとなり、そのため、余裕があれば、人材育
成という観点からも事務局の人数を多くすることを勧めている。

図表４－４－13　推進事務局の仕事

推進事務局の仕事

Open Up the Future
田辺三菱製薬

◆ 事務局メンバーは、相当の開発スキルが必要
◆ 初期は多めの人数を推奨（事務局メンバーはどの部署も欲しがる人材に）

業務	
開発支援	**ハンズオンサポート**
	リリース許可（審査）
	共通部品、テンプレート作成、作成代行
	ユーザー研修
	FAQ
リサーチ	バージョンアップ機能調査、動作検証
	新技術調査（AI-OCR、Business Intelligence等）
普及活動	説明会、相談会、ベストプラクティスの展開
ガバナンス	開発標準
	運用ガイドライン、ロボットID
運用管理	環境維持、稼働管理、ログ解析、エラー監視
	アップデート対応、システム改修周知

13

尚、事務局メンバーの育成については、次のように行っている。まずはユーザーと一緒にユーザー研修を受講する。その後、研修のアシスタントとしてデビューして、講師も体験する。一通りの基本スキルをマスターした段階で、事務局強化演習を行う。これは、社内の研修よりは難易度の高い演習問題を30問やるものであり、それが終わると、今度は実際にシナリオ（ロボット）をつくる。RPA に関してある程度の知識等を持った時点で、ガバナンスを勉強して、その後、RPA に深く携わったり、リサーチャーを行ったりといった、技術系かスタッフ系を選択し、自分の持ち味を生かして活躍をしていくという流れであり、パソコンが得意であれば１カ月で、普通の人でも２～３カ月程度で戦力化して、自分の持ち味を生かして活躍することができる。

図表 4 - 4 -14　事務局メンバーの育成

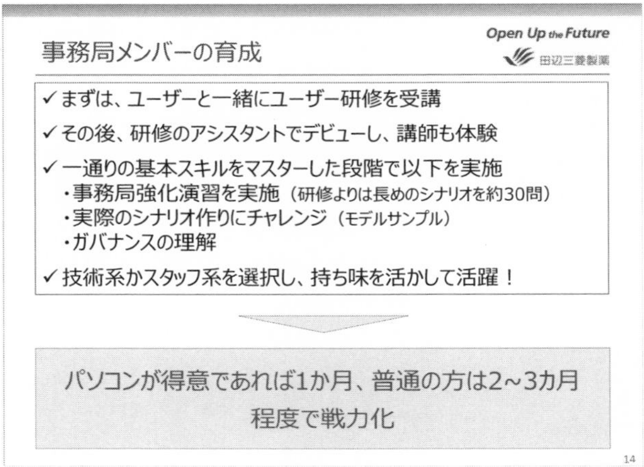

12 ｜ 自走型に必要な製品機能

　自走型は製品がキーになるという側面もある。製品のキーについては、ガバナンスとリソース最適化（コスト）となる。ガバナンスについては、RPA では、事務局が認めていない野良ロボットの話が出てくることがあるが、それを運用ルールで縛るのは難しく、統制機能を持った製品を選ぶほうが良いと考えている。また、勝手にプログラムを登録されても困るため、登録できる人を制限できる、他部署のロボットを勝手に動かすことができないといった機能も大切である。夜間実行を安全に行うためには、ロボット専用の ID やパスワードをセキュアに管理できる仕組みが必要となる。

　他にも、操作ログがとれ、実行者、開発者、事務局に、いつでも見ているという意識付けができることも大切となる。リソース最適化であるが、1 つのライセンスを複数人で使える、RPA 用パソコンを少ない台数で運用できる、夜間実行ができるといった機能があるかどうか、自社の使い方に合っているかを

図表4－4－15　自走型に必要な製品機能

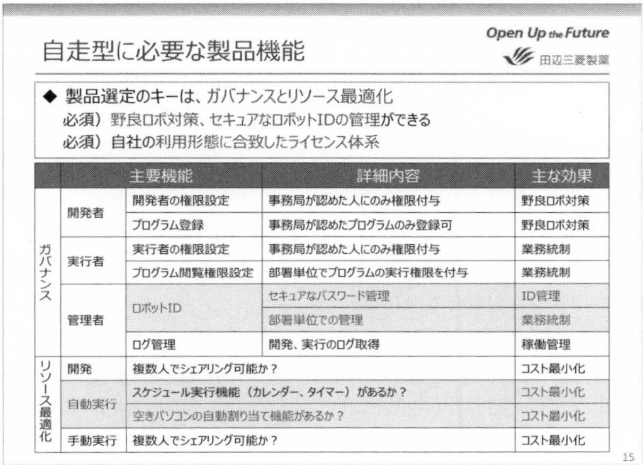

		主要機能	詳細内容	主な効果
ガバナンス	開発者	開発者の権限設定	事務局が認めた人にのみ権限付与	野良ロボ対策
		プログラム登録	事務局が認めたプログラムのみ登録可	野良ロボ対策
	実行者	実行者の権限設定	事務局が認めた人にのみ権限付与	業務統制
		プログラム閲覧権限設定	部署単位でプログラムの実行権限を付与	業務統制
	管理者	ロボットID	セキュアなパスワード管理	ID管理
			部署単位での管理	業務統制
		ログ管理	開発、実行のログ取得	稼働管理
リソース最適化	開発	複数人でシェアリング可能か？		コスト最小化
	自動実行	スケジュール実行機能（カレンダー、タイマー）があるか？		コスト最小化
		空きパソコンの自動割り当て機能があるか？		コスト最小化
	手動実行	複数人でシェアリング可能か？		コスト最小化

しっかりと検討する必要がある。当社は、全社展開に必要な機能を徹底的に洗い出し、多くの製品を調査し、その機能が期待通りの機能であるかを確認した上で、最終選定を実施した。

13 ユーザー研修

ユーザー研修については、次のことを行っている。まずは、自作のオリジナルのテキストを使用しており、UiPath社からも、高い評価をいただいている。ただし、受講者にこの時点で覚えてもらう必要はなく、「RPAって楽しい、これなら自分でもできそう」、「RPAはこういう業務に適用できる」ということを理解して貰うことが研修の目的で、研修のなかでもそれを伝えている。このようなかたちで基本操作、Web操作、エクセル加工、繰り返し、メール、大量データの処理を行っており、また、研修の間に必ず開発ルールやガバナンスの説明をしている。

テキストは（図表4－4－17）のとおりであり、やりたい作業、例えば、Excel のデータをコピー＆ペーストしたい場合に、どの部品を使って、どういう設定をすれば良いかが一目で判るような構成にしている。

図表 4 - 4 -16　研修全体像

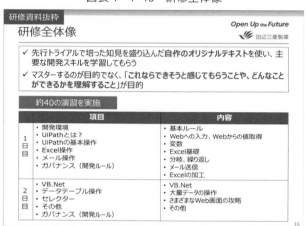

図表 4 - 4 -17　テキスト（データテーブル操作の説明箇所）

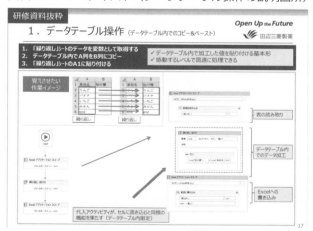

　次のロボットを作成するときの参考書を意識してテキストを作っており、受講された方は研修後の復習に活用されている。

　VB.Net（フォルダの中のファイル一覧の習得）については、これも（図表4-4-18）の通りで、2日目の研修に組み込まれている。

　VB.Net は、プログラミングですが、基礎研修を終えて RPA に対する興味を持った段階で行うと、テキストを見ながらどんどんこのプログラミングを書き始める。エクセルではできないようなことが、VB.Net だと簡単にできてしまうため、研修で皆さんの興味を上手く引き出すことの大切さを感じている。

図表4-4-18　テキスト（VB.Net の説明箇所）

14 ｜ RPA の展開状況（業務改善と人材育成）

　実は初年度、全社の説明会をしたときに「60名を育てます」という話をさせていただき、当時は、「60名も集まるのですか？」といったご意見もありましたが、賛同した人が多く、結果、1年間で260名が集まった。今は Teams を

使って Web 型研修を始めており、2020年7月、8月で80人ぐらい一気に増え、この1年間で自走型 RPA の礎ができたと感じている。ロボットも166体が無事完成し、削減効果も1.8万時間となった。

　人材育成という視点では、「プログラミング思考力、論理思考力」という効果があったというのが、1年たっての正直な感想である。

　RPA の開発で身につくものとして、1つ目、やはり IT リテラシーである。研修が終わると、皆さんが変数、データテーブル、繰り返しなどの言葉を理解し、使用している。2つ目は、業務整理能力である。ロボットを作成するということは実務担当者に開発者が「この業務の目的等を教えてもらえますか」といったことを自然と聞き、業務を整理する力が身に付いてくる。3つ目は、要件定義力である。担当者はいろいろな意見を言うが、RPA 開発者は一生懸命になって聞いてノートにまとめ、要点を再確認するため、要件定義力が高くなる。4つ目は標準化である。ロボットをつくろうとすると、例外処理が多くなり、開発者は業務担当者に「この前工程って1個にできないんですか」といった意見を伝えることがある。このように、ロボット開発するなかで皆さんが自分自身で工夫するなかで、標準化することにメリットを感じるようになる。5つ目はモデル化である。ロボットを作成するなかでシステムインテグレーターのように業務をモデル化するという力を少しづつ身に着けることができる。6つ目は、条件分けである。日本人というのは1階層の条件分けは得意であるが複数階層は苦手であり、RPA はこれが如実にあらわれる（1回目の条件と2回目の条件をひっくり返すだけで、ロボットがシンプルになるなど）。このようなことに、皆さん気付き出してくると、条件分けがうまくなり、ビジネスにも好影響を及ぼすことができる。7つ目は知的好奇心である。RPA をやっていくなかで、自らがグーグルで検索し、事務局に提案をするといった行動を生むことができる。以上、少なくともこういう7つの力という、企業が求めているスキルを持った人材を育成していると感じている。

図表 4 - 4 -19　RPA の展開状況

図表 4 - 4 -21　RPA の開発で身につくもの

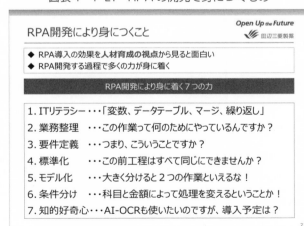

15 ┃ 今後の展望

　当社は、RPA の全社展開というところで、1 つの技術が身に付いたが、
RPA 化はまだまだ深掘りできると考えている。ベストプラクティスの展開や、
国内、海外の関係会社のほうにも展開を予定しており、開発者も、500 人を目
標として邁進したいと考えている。また、RPA だけではリーチできない業務
がたくさんあり、そこに AI-OCR や、API を使った外部サービスの利用、ま
たは AI と連携することによって、もう少し適用範囲を広げていきたいと考え
ている。当社は、一般のビジネスパーソンに対してこの RPA というデジタル
ツールを展開するというノウハウをこの 1 年間で習得することができたので、
このノウハウを使って、ビジネスインテリジェンスやプロセスマイニングと
いった業務プロセスを可視化して解析するようなツールや AI チャットボット
などのデジタルツールの展開を進めていきたいと思っている。

終章　章

総 括

新時代の高生産性経営へ向けて
総 括

梶浦 昭友

関西学院大学　名誉教授

1 ｜ 低生産性の帰結

　わが国の生産性の状況判断にはいくつかの視点があろうが、国際的な比較を代表する調査の1つが日本生産性本部による『労働生産性の国際比較』である。この調査で話題となるのが、労働生産性の順位であり、日本の相対的な生産性の低さ、順位の低さである。そこでこの調査を基礎として、ここ10年の状況をまとめると次頁の図表1のようになる。

　集計対象となる OECD 加盟国は34から37に変化しているから、順序は均等ではないが、わが国の労働生産性順位は中下位に留まっており、2019年データでは、就業人数あたりの指標は26位に落ち込んだ。また、実質労働生産性上昇率順位は就業人数あたりでは、バラツキはあるものの低下して下位になっており、かつ、率そのものがここ2年間、マイナスに転じている。就業時間あたりでも中下位である。ここで取り上げたのは OECD データによる調査結果であり、世界銀行等、他のデータによれば結果に相違が生じることはあるが、日本の生産性が低いということは、念頭に置いておくのがよい。　そして、1人当たり GDP の順位は、先進7カ国（米国、ドイツ、カナダ、フランス、英国、イタリア、日本）では最下位に留まっている。

　GDP は国内総所得に結びつくから、このような相対的に低い労働生産性や

図表1　労働生産性等の日本の国際順位等

	データ年	2010	2011	2012	2013	2014	2015	2016	2017	2018	2019
国民1人当たりGDP順位		18	19	18							21
労働生産性順位	/就業人数	21		20	21						26
	/就業時間	20								21	
実質労働生産性上昇率	/人数・順位	17	9	15	10	24	28	22	29	35	
	/人数・率	△0.3	1.1	0.9	1.8	0.5	0.4	0.6	0.3	△0.2	△0.3
	/時間・順位	14	7	22	11	19	26	20	23		19
	/時間・率	0.8	1.8	0.6	1.5	0.6	0.5	0.8	0.6	0.6	0.9
	集計年	*	06-11	10-12	09-13	10-14	10-15	10-16	15-17	15-18	15-19
n　（対象国数）		34	34	34	34	34	35	35	36	36	37

*/人数・率は08-10、/時間・率は06-10。

出典：日本生産性本部『労働生産性の国際比較2011』『日本の生産性の動向2012年版』『日本の生産性の動向2013年版』『日本の生産性の動向2014年版』『日本の生産性の動向2015年版』『労働生産性の国際比較2016』『労働生産性の国際比較2017』『労働生産性の国際比較2018』『労働生産性の国際比較2019』『労働生産性の国際比較2020』からOECDデータを基礎とした調査分を筆者が抜粋した。各年のデータ年は1年前（例：『労働生産性の国際比較2020』のデータ年は2019年。なお、実質労働生産性上昇率は「集計年」の平均であり、集計年は必ずしも均等ではないが、調査の通りとした。また、連続して同順位の場合は、セルを結合して示した。

1人当たりGDPの状況は、相対賃金の低下に結びついている。図表2は日本を100としたときの主要5カ国の賃金水準の相対比較である。2010年段階では為替レート換算では5カ国中3位ではあったが、購買力平価換算では5位であり、2017年では両者とも5位という状況になっている。

図表2　時間あたり賃金（製造業）の相対比較

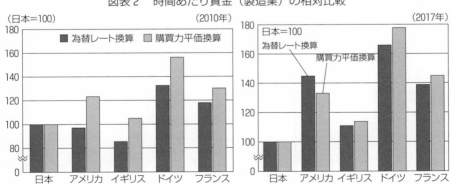

出典：独立行政法人労働政策研究・研修機構『データブック国際労働比較』（左図：2013）163頁、（右図、2019）205頁.

255

　社会経済的な豊かさは賃金水準だけで判断されるものではないにしても、日本は低賃金国に向かっている可能性が見て取れる。もし、このような状況を打破するべきであると考えるのであれば、1人当たりGDPや労働生産性を向上する方策を探る必要があろう。

2 ｜ 生産性改革の潮流：第4次産業革命

　前述の通り、わが国の生産性は相対的に低迷している。生産性の向上は要務であるが、わが国だけが生産性の向上を課題としているわけではない。生産性改革に向けての戦略的な動きは、第4次産業革命と称される経済変革の一環として10年以上前から取り組まれており、世界的な競争時代に入ってすでに久しいと言ってもよい状況にある。

［1］　先行した海外の取り組み

1）ドイツのIndustrie 4.0

　先駆けて生産性の向上を国家戦略として打ち出したのはドイツである。ドイツにおいては、わが国と比べて全産業レベルの生産性は上位にあるものの、製造業の生産性が停滞したことから、連邦政府が2010年に、2020年に向けてのハイテク戦略を策定した。その戦略の中で製造業の強化を図るIndustrie 4.0が提言され、製造業の高度情報化を図り、産学官の連帯によって工場のスマート化を図って生産性を向上することが意図された。Industrie 4.0という用語は2011年から使われはじめた。Industrie 4.0の基本はICT（IT）、IoT、ビッグデータ、AIという用語に代表される製造業の革新的情報化の活用である。これらを通じて、まず事業所をSmart factoryとし、ひいては社会をSmart societyにすることが意図されている。

2）米国の IIC

　米国では、第 4 次産業革命という用語や生産性改革という言い方はされないが、コンピューターの導入から現在まで継続する ICT の高度化による産業社会の変革の動きが民間主導で拡がっている。2012年に GE 社が Industrial Internet を提唱し、2014年には AT&T、Cisco、GE、IBM、Intel の 5 社を核として、Industrial Internet Consortium（IIC）が構成された。IIC は、産業機器の IoT 化を図り、スマート産業機器による情報社会を構想して、主導企業が入れ替わりながら、世界的な関連企業が参画し、国際的な拡がりを見せている。また、GAFA に代表されるプラットフォーマーの躍進があり、社会インフラとしてのプラットフォームを用いた情報化が加速度的に進行している。

3）ダボス会議

　ダボス会議（世界経済フォーラム）は、2016年と2017年に The Fourth Industrial Revolution が会議のテーマとして取り上げられた。ここにおいては、第 4 次産業革命という用語が明示的に用いられている。

2　日本：アベノミクスの展開

1）日本経済再生本部の日本再興戦略・未来投資戦略・成長戦略

　これらの動きが、わが国において政府（首相官邸）に置かれた日本経済再生本部の連続的な経済戦略であったアベノミクスにも影響していたと考えられる。2013年に始まるアベノミクスの第三の矢である日本再興戦略、ならびにそれを引き継ぐ2017年以降の未来投資政略の流れの中で、2015年戦略で、生産性革命という用語が明示的に使われた。2016年戦略では第 4 次産業革命が用いられ、2017年戦略や2018年戦略では、ドイツの Smart society に類似する Society 5.0という用語が用いられている。したがって、このような動きは日本で独自に生成したものというよりは、ドイツの Industrie 4.0、米国等の IIC の流

れ等と無関係ではないであろう。

　生産性という用語自体は2013年から使われているが、とくにわが国の生産性の低さを明記したのは、2014年戦略である。そこでは「日本企業の生産性は欧米企業に比して低く、特にサービス業をはじめとする非製造業分野の低生産性は深刻で、これが日本経済全体の足を引っ張っている状況にある[1]。」とし、生産性の向上が課題であることを前面に出している。ただ、「日本経済全体としての生産性を向上させ、『稼ぐ力（＝収益力）』を強化していくことが不可欠である[2]。」あるいは「グローバル・スタンダードの収益水準・生産性を達成していくことが求められている。企業の『稼ぐ力』の向上は、これからが正念場である[3]。」とし、「日本企業の『稼ぐ力』、すなわち中長期的な収益性・生産性[4]」と記して、収益水準・生産性、「稼ぐ力」が並置的に書かれていて、生産性の意味内容は曖昧である。

　また、「生産性革命[5]」を唱えた2015年戦略では、初めて「第四次産業革命」という用語も出現するが、生産性の本質に深入りする記述は見られない。

　そして、2016年戦略に至って、第4次産業革命が「今後の生産性革命を主導する最大の鍵」と位置づけられ、「IoT（Internet of Things）、ビッグデータ、人工知能、ロボット・センサーの技術的ブレークスルーを活用する『第4次産業革命』である[6]」とされた。第4次産業革命の志向性が情報技術による多様な生産性の改革にあることはうかがえるが、依然として用語の意味は曖昧である。

　2017年から日本再興戦略は未来投資会議に引き継がれ、2017年からは未来投資戦略として決定されるようになった。2017年戦略での副題で用いられたのがSociety 5.0である。実際にはこの用語は2016年戦略にも出現しているが、当時の主なテーマは第4次産業革命であった。Society 5.0は、「①狩猟社会、②農耕社会、③工業社会、④情報社会に続く、人類史上5番目の新しい社会」である。そして、先進国に共通する長期停滞の要因として、①供給面では、長期にわたる生産性の伸び悩み、②需要面では、新たな需要創出の欠如を指摘する。その上で、「この長期停滞を打破し、中長期的な成長を実現していく鍵は、近

年急激に起きている第4次産業革命（IoT、ビッグデータ、人工知能（AI）、ロボット、シェアリングエコノミー等）のイノベーションを、あらゆる産業や社会生活に取り入れることにより、様々な社会課題を解決する『Society 5.0』を実現することにある[7]」とされる。

　2018年戦略は、副題に「データ駆動型社会」が加わっている。データ駆動型社会は、これまで世の中に分散し眠っていたデータをビッグデータ化することにより、生産・サービスの現場やマーケティングの劇的な精緻化・効率化が図られ、画一的ではない、個別のニーズにきめ細かく、かつリアルタイムで対応できる商品やサービス提供を可能にする社会である[8]。2017年の副題であったSociety 5.0は引き続いており、生産性に加えて、労働生産性という文言も見られるが、依然としてそれらの意味は明らかにされていない。2019年からは、成長戦略に名を変え、成長戦略実行計画として展開されるようになった。

2）アベノミクスにおける生産性観の曖昧さ

　以上で紹介したアベノミクスの戦略文書では、生産性、労働生産性や生産性革命という文言は表出しているものの、それが何を意味するかは明記されていない。用語の定義は、2017年の『新しい経済政策パッケージについて』にみられる。この文書自体は戦略文書ではないが、生産性革命を扱う第3章で、「①我が国の生産性を2015年までの5年間の平均値である0.9％の伸びから倍増させ、年2％向上[9]。」という目標を記述する際の生産性に「ここでの『生産性』は、『労働生産性（一人あたり、一時間あたりの実質GDP）』とする[10]。」という注記が付されている。このことから、目標を記述する際の生産性は、分子を実質GDPとした労働生産性を指していることが分かる。ただ、この文書は戦略文書ではないから、アベノミクスの戦略文書では、生産性という用語が多くの場面で、曖昧なまま使われているといえる。

　この曖昧さは、2019年の成長戦略実行計画でも顕著に表れている。そこでは「第4次産業革命は、同質的なコスト競争から付加価値の獲得競争への構造変

化をもたらす[11]」とし、コストから付加価値への変化を指摘しながら、「生産性は、売値−コストを基礎とするので、日本の労働生産性の低さは、コストが高いことが原因か、それとも売値が低いことが原因か、ということが論点である[12]」と述べ、さらに、「日本の労働生産性上昇の課題は、顧客視点でみた付加価値の創出である。すなわち、第4次産業革命のデジタル技術とデータを活用し、付加価値の高い新たな製品・サービスを生み出すことで、マークアップ率・利益率の向上を図る必要がある。」としているが、コストと付加価値、あるいは利益（率）や生産性の脈絡がとれていない。

3 ｜ 付加価値の意義

　前述の政府文書等でも見られるとおり、生産性をめぐる諸概念は曖昧であるか、あるいはあたかも共通認識があるような前提で用いられており、結果として生産性の意味が不明確になっている。そこで、基本的な論点を整理しておきたい。

1 付加価値の基本的な位置付け
　　……国民経済レベルと企業レベル

1）新たな経済価値の創造の視点
　労働生産性の分子にもなるアウトプット指標としての付加価値が、理論・調査研究の専門家間でパラダイム（暗黙の合意）として用いられるのは、国富あるいは新しい経済価値の国民経済レベルと企業レベルでの創造と分配についての接合を見いだすことができるからである。この関係を次頁の図表3によって確認しておこう。

図表3　国民経済計算（SNA）と企業付加価値計算の対比

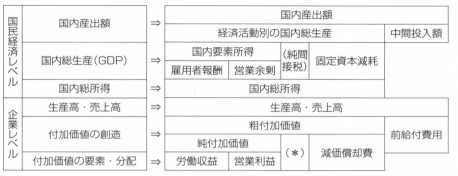

なお、［純間接税＝生産・輸入品に課される税－補助金］

出典：国民経済レベルの部分は、内閣府「基礎から分かる国民経済計算」1．SNA の見方（2）SNA 体系の概要、図 1、https://www.esri.cao.go.jp/jp/sna/seibi/kouhou/93kiso/93snapamph/chapter1.html（2021年 3 月20日参照）から抜粋し、筆者が加筆・作成。企業レベルの部分は、筆者作成。

　国民経済レベルの国民経済計算（SNA）と企業レベルの付加価値計算は、評価基準に違いがあるなど、理論的に厳密な対応関係や整合性があるわけではないが、経済価値の創造と、その配分・分配に関して、国全体の計算と個別企業の計算を対置して理解することができる。

　付加価値には、減価償却費を含む粗付加価値と含まない純付加価値がある。粗付加価値は国内総生産（GDP）に対置でき、減価償却費・固定資産減耗を含んでいる。これらは固定資産の代替再生産に備えるものであり、粗付加価値と純付加価値に優劣があるわけではない。GDP は粗付加価値の総体ということになるが、ここでは相違にはこだわらないことにしたい。

　付加価値は、例えば日本生産性本部（JPC）の場合、次の式で計算される。これは生産高から前給付費用を控除して、新たな付加価値の創造に該当する額を算定する控除法による計算である[13]。

　　付加価値＝純売上高－［（原材料費＋支払経費＋減価償却費）

　　　　　　　　＋期首棚卸高－期末棚卸高±付加価値調整額］

ここで［＋期首棚卸高－期末棚卸高］は純売上高を生産高に変換するものであ

り、［±付加価値調整額］は基本的には付加価値にならない内部振替である。JPC の付加価値は純付加価値である。この式は、変換された生産高から前給付費用を控除して創造した経済価値に該当する付加価値を算定している。これは SNA で国内産出高から中間投入額を控除して経済活動別の国内総生産（GDP）を産出する方式と対置できる。前給付費用（JPC の式での原材料費＋支払経費）は GDP を計算する際の中間投入額に該当する。減価償却費も純付加価値計算という視点では前給付としての位置付けを付与できるが、粗付加価値という視点では前給付に該当しない。

　企業レベルでの付加価値の創造は、SNA レベルの経済価値・国富（GDP）の創造に結びつき、付加価値の増大は経済成長要因に結びつくことになる。したがって、付加価値の存在理由は、企業レベルからの国富への連接指標となることである。

２）付加価値の分配

　SNA の純間接税は、企業では消費税等に該当するが、この点は考察外として、控除法による価値創造計算という方法とは別の、付加価値のもう一つの計算方法を見ておこう。それは構成要素を加算する方法であり、加算法と呼ばれる。

　JPC は、次の式を挙げる。ここでの付加価値は純付加価値に該当するが、付加価値からまず労働収益を控除した額が企業資本持分に帰属する営業利益であるという、労資関係の対立を生まないような配慮をした、順序の思想が見て取れるし、営業利益はマイナスになりうるが、労働収益はマイナスにはならないから、優先控除項目となる。

　　営業利益＝付加価値－労働収益

そこから、次の付加価値計算式が導かれる。

　　付加価値＝労働収益＋営業利益

　労働収益は基本的には人件費であるが、企業のコストとしての人件費という視点ではなく、付加価値という創造された成果の配分としての労働収益という

視点になる。この点が生産性運動3原則の第3原則・成果の公正配分に関連することになる。付加価値が増大すれば配分の余地は高まる。ただ、利益による企業評価を行う際には人件費をコストと見る視点が前面に出て、労働収益という視点とは対立的な属性を有することになるから、第2原則・労使の協力と協議において調整されるべき課題となる。利益と付加価値の違いに留意することが重要である。

　付加価値の属性は、構成要素を細分すると、より明確になる。ここでは法人企業統計調査の付加価値に触れておこう。法人企業統計調査では、付加価値を次のように集計する。（　）内は内訳である。

$$付加価値＝人件費（役員給与＋役員賞与＋従業員給与＋従業員賞与$$
$$＋福利厚生費）＋支払利息等＋動産・不動産貸借料$$
$$＋租税公課＋営業純益（営業利益－支払利息等）$$

　ここにおいては、付加価値は労働収益と資本収益（支払利息等、動産・不動産賃借料、営業純益）および租税で構成されることになる。JPCと異なるのは、資本収益の営業利益が営業純益と支払利息に分かれるとともに動産・不動産賃借料が加わることであり、別に租税公課が算入されることである。これは構成要素ならびに配分対象としてのステークホルダーの細分化であり、労働要素と資本要素に加えて、税金が社会インフラや厚生に配分されるという付加価値の対象範囲の明細化を示すものになる。

4 ｜ 付加価値生産性の問題点

1 アウトプットの属性

　1章で述べられたとおり、生産性指標の分母であるインプットとして使われるのは代表的には労働要素（就業人数、就業時間）と資本要素（総資本、有形固定資産額、設備資産額、等）である。そこから、労働生産性と資本生産性が

導かれる。これは分母が一要素（労働または資本）の単要素生産性である。

　アウトプットは付加価値が用いられることが多いが、必ずしも付加価値に留まらない。OECD は生産性の測度（測定値）として、アウトプットに付加価値と同時に総産出を加えて、図表 4 のようにまとめている。基本的に多要素生産性は資本要素と労働要素の複合であるが、総産出ベースでは、それらに中間財としてエネルギー、材料、サービスが加わる。中間財も 1 次段階では付加価値の構成要素となりうるが、これは国民経済全体のレベルである。

　OECD が視野に入れている多要素生産性は、一見、分母の単要素性を捨象して、労働と資本を統合したインプットを想起させるが、もともと労働インプットと資本インプットは加算できないから、統計的な処理は可能かもしれないが、企業での実践面を考えると計算が困難である。ただ、総産出や付加価値が、本来的には単要素でなく多要素の作用で生成されることは確かであり、単要素生産性は労働生産性であれ資本生産性であれ、部分的な生産要素の生産性を示すものである。

図表 4　OECD による単要素生産性と多要素生産性

産出測度の種類	投入測度の種類			
	労働	資本	資本＆労働	資本、労働＆中間財（エネルギー、材料、サービス）
総産出	労働生産性（総産出ベース）	資本生産性（総産出ベース）	資本・労働 MFP（総産出ベース）	KLEMS 多要素生産性
付加価値	労働生産性（付加価値ベース）	資本生産性（付加価値ベース）	資本・労働 MFP（付加価値ベース）	―
	単要素生産性測度		多要素生産性測度	

出典：OECD, *Measuring Productivity OECD Manual: Measurement of Aggregate and Industry-Level Productivity Growth*, OECD, 2001, p. 13 に加筆。清水雅彦監訳、佐藤隆・木﨑徹訳『OECD 生産性測定マニュアル―産業レベルと集計の生産性成長率測定ガイド』慶應義塾大学出版会、2009 年、8 ページに加筆。なお、ここで MFP は多要素生産性、KLENS は資本・労働・エネルギー・材料・サービス。

2 生産性と付加価値についての理解の多様性

1) 本書における多様性

　企業レベルでは、例えば付加価値を用いて労働生産性と資本生産性を企業全体として計算することはできる。ところが、繰り返すが、付加価値は、専門家の共通認識として用いられる場合と、一般用語として用いられる場合で意味内容に大きな乖離がある可能性のある用語である。前述の政府文書等でも、この可能性は存在している。

　そこで、本書において生産性や付加価値という用語がどのぐらい使われているかを見てみたい。序章と終章を除いて、各章各節で生産性および付加価値という用語の使用回数を元原稿段階で集計すると図表5のようになる。生産性については、内訳として労働生産性と資本生産性という用語も集計している。なお、集計にあたっては便宜的に本文だけでなく標題や図表、注記等も回数に含めている。

図表5　本書における生産性および付加価値という用語の使用回数

章	1章		2章			3章			4章			
節	1節	2節	1節	2節	3節	1節	2節	3節	1節	2節	3節	4節
生産性	152	75	7	10	6	5	62	1	7	16	15	3
（労働生産性）	79	15	0	0	0	0	14	0	0	0	1	0
（資本生産性）	3	2	0	0	0	0	0	0	0	0	0	0
付加価値	31	168	2	0	0	0	12	0	2	0	0	1

出典：筆者作成。

2) 生産性の多様性の認識

　本書は「高生産性経営」を志向したプロジェクトの内容を取りまとめたものである。したがって、当然ながら生産性という用語は各章で少なくとも1回は使われている。ところが、使用回数は章ごとに大きな隔たりがある。生産性を

調査研究の対象としている論者と、現場で生産性向上の実践に取り組んでいる論者の、日頃の生産性に関する認識の度合いが如実に表れていると考えられる。ただし、用語の使用回数が少ないことが、生産性に対する軽視や無関心ということを意味しているわけではない。

　序章でも述べたとおり、生産性の概念は一義であるとしても、その解釈や運用は多様であり、本来は多様性自体を取り上げるべきである。生産性を画一的に位置づけるのではなく、様々な局面でのインプットとアウトプットの比を改善する視座が求められる。また、経営実践では、組織から個人まで、価値創造活動に携わるユニットには多様性があり、各ユニットにおける生産性の改善行動が、全体としての生産性やその向上に結びつくことになる。実践での生産性向上のための取り組みは、業務プロセスおいて、多様に認識されて実践されてきているということができる。

3）付加価値の意味付けの多様性と限界

　本書では、付加価値という用語の使用回数は特定の章節に集中しており、半数の節では用いられていない。このことは付加価値生産性が必ずしも一般的に普及した生産性の共通概念ではないことを改めて物語っている。使用されている場合でも、実践・事例の場合には、定義上の付加価値の意味で用いられるのではなく、高付加価値（製品）というような文脈で用いられている。付加価値という用語については、生産性という用語以上に、定義通りではなく多様な解釈があることを示している。例えば、「付加価値を付ける」という言い回しはよく使われる表現である。この場合の付加価値は、従来の付加価値にさらに付加価値を付加する意味で使われたり、利益と同義であったり、顧客価値であったり、一様ではない。

　既述のとおり、付加価値は国民経済レベルと企業レベルでの経済価値を接合する概念であり、企業の貢献の端的な指標であることは確かで、理論的には意味を持つし、企業または企業グループを1ユニットとして位置づける場合に

は、集計は可能である。ところが、企業内組織では、付加価値を算定できる組織ユニットは多くない。付加価値を算定できない組織ユニットであっても、生産性の考慮は経営管理上、意味のあることであろう。したがって、付加価値に代わるアウトプット指標を管理の視点で導出することが求められる。

3 労働生産性指標の課題

　労働生産性という用語は、それを単に生産性と呼ぶことも多い代表的な生産性指標である。ところが、労働生産性の算定に用いられる算式の分母には根本的な疑問が残る。就労人数または就労時間が表す生産要素についての疑問である。

　例えば、資本要素であれば、インプットとして10台の設備を12台に増強したとして、付加価値が20％増加すれば、資本生産性の類型としての設備生産性は変わらない。この場合のインプットは物的な生産要素の変化であり、量的な変化である。工程の組み方等、影響要因はありうるとしても、キャパシティは一律である。ところが、10人の従業員を12人に増やすか、10時間の就労時間を12時間に増やしたとし、付加価値が20％増加すれば、指標上の労働生産性は変わらないが、この場合のインプットの変化は、設備と同様には評価できない。

　労働要素の投入は、本来、人数や時間という数量的なものではなく、人間としての従業員が有する労働力を投入するものである。かつキャパシティは一律ではなく、可変である。したがって、労働生産性の分母は、人数や時間という単なる数量単位での計算ではなく、労働力に特有のキャパシティが生産性に反映される視点を加味しなければならない。労働力の付加価値創出能力を示す視点であり、人数や時間は、便宜的な代替指標であることに留意しておくのがよい。生産性運動３原則の第１原則である雇用の維持・拡大は、このような視点を加味して、新たな時代に対応して見直される余地があると考えられる。

5 ｜ 業務ユニットでの生産性管理

　生産性の向上のためには、組織の裾野からインプットとアウトプットの比を改善していく思考が必要であろう。付加価値をアウトプットとする指標は、企業全体やセグメント等、プロフィット・センターとしての上位マネジメントの管理・評価に適用可能であるとしても、組織・グループ・個人等、中下位ユニットには適用しにくいし、PDCA サイクルや OODA サイクルといった管理構造になじみにくい。

　そこで、最もシンプルな視点で、中下位業務ユニットでの生産性管理の可能性に言及しておきたい。

1 ｜ 価値的生産性と物的生産性

　インプットとアウトプットについては、金額要因と数量要因の2つを区別することができる。例えば、分子を付加価値とする指標は金額値による表現であり、これは価値的生産性指標と呼ばれる。これに対して、インプットとアウトプット双方に数量要因を用いて算定する生産性が、物的生産性である。中下位層、とくに下位層の生産性管理においては、物的生産性指標の視点が基本となる。

2 ｜ 生産性と生産性変動

　3章3節でも類似の記述があるが、物的生産性の変動要因は以下のように整理できる。基本は金額管理ではなく、数量管理である。

　＊生産性のプラス要因

　　・アウトプット数量の増加

　　・インプット数量の減少

　＊生産性のマイナス要因

　　・アウトプット数量の減少

　　・インプット数量の増加

　最も重要な視点は、何をインプットとし、何をアウトプットとするかを業務（ジョブ）に応じて決定することである。その上で、アウトプットの増減とインプットの増減を対比して、生産性の増減を評価する。生産性は単年度でも指標化はできるが、中下位の生産性管理は期間間の生産性の向上を図っていくことを主目的とするのがよい。そのため、物的生産性の期間変動（向上・悪化）を考える。例えば、1年度は就業時間は1時間で、10個のアウトプットを生んだが、2年度は12個を生んだとすれば、生産性は20％向上した。また、アウトプットは10個で維持されたが、時間数を0.9時間に削減したとすれば、生産性は11％向上したことになる[14]。

　当たり前のことであるが、メンバーシップ型の評価では、このような原単位での管理はなかなか行われてこなかった。近年、ジョブ型雇用という用語が普及しているが、生産性という観点では、個人あるいはチームが、どのようなインプットでどのようなアウトプットを期待されるのかについてを明確にすることが、生産性管理の基礎である。もちろん、個人やチームのレベルでも、インプットやアウトプットは複合的であるが、それが「できない」理由にはならない時代になっていると認識すべきである。

6 ┃ 関西生産性本部への期待

　アベノミクスの戦略は、一貫していわゆる DX（Digital Transformation）を説いている。DX は、おそらく成長性向上のキーとなる中心的な要因であると考えることができるものの、実践上の遅れが新型コロナ禍で露呈するまで、実際上の進展はほとんどなかったと見ることができる。

　本年で創立65周年を迎えた関西生産性本部は、例えば、創立60周年（2016年）には「あらゆる組織の生産性向上の支援・交流機関として関西をリードする」存在になっていきたいとの活動ビジョンを定め、欧州生産性国際比較トップミッションを組織し、スイス、ドイツ、フランスの生産性向上の方向性についての実態調査を調査報告書『持続的成長へ向けた「生産性革命」への提言〜TFPの観点から新たな生産性向上への取り組みを探る〜』をとりまとめた。あわせて、『中堅・中小企業の生産性向上戦略』を出版した。次いで2017年には訪米生産性向上推進調査団を組織し、GAFAの一角やMicrosoft等、DXの旗手やプラットフォーマーを調査し、調査報告書『ホワイトカラーの生産性革命─働き方改革の本質』を取りまとめた。

　そして、65周年にあたって、「企業の人材ニーズと高等教育（大学・大学院）のマッチングのあり方について」、「令和時代における企業別労働組合の果たすべき役割〜Withコロナ・Afterコロナの働き方を踏まえて〜」、および本書に結びつく「高生産性実現の経営・組織・業務を考える」の3つのプロジェクトを設定し、検討を続けてきた。

　新型コロナ禍は日本だけの出来事ではない。この災禍を発端として、日本の相対的な「周回遅れ」が露呈してきている。関西生産性本部は、生産性改革やDXについて、あるいは企業社会を支える中堅・中小企業の生産性問題について、時宜を得た調査・出版を行ってきた。ただ、生産性は、断続的な向上運動ではなく、不断に、裾野から頂上まで、常に重要性を認識しながら継続的に行われるべき活動である。関西生産性本部が生産性向上の啓蒙や実践に主導的な役割を果たしていくことを期待したい。

［注］
1　『日本再興戦略改訂2014─未来への挑戦─』、4頁。
2　前掲報告、2頁。
3　前掲報告、4頁。

4　前掲報告、4頁。

5　『日本再興戦略改訂2015―未来への投資・生産性革命―』

6　『日本再興戦略2016―第4次産業革命に向けて―』、2頁。

7　『未来投資戦略2017―Society 5.0の実現に向けた改革―』、1頁。

8　『未来投資戦略2018―「Society 5.0」「データ駆動型社会」への変革―』、5頁参照。

9　『新しい経済政策パッケージについて』(2017)、3‐1頁。

10　前掲文書、3‐1頁、注19。

11　『成長戦略実行計画』(令和元 (2019) 年)、1頁。

12　前掲計画、2頁。

13　日本生産性本部（JPC）は『付加価値分析―生産性の測定と分配に関する統計―』を昭和40 (1965) 年3月版から1996 (平成8) 年版（途中で年号表記は和暦から西暦に変更）まで刊行していた。以下で言及する計算式等は1996年版によるものを基本としている。

14　物的生産性変動の分析については、梶浦昭友『企業社会分析会計（増補第2版）』（中央経済社、1996年）第3部を参照されたい。

編者・執筆者紹介

【編　者】

公益財団法人　関西生産性本部

関西において経営者、労働者、学識経験者の三者構成を基本に社会各層の参加を得て、時代の要請に応じて生産性運動を推進することによって、健全な労使関係の確立と内外の調和ある経済発展を図り、ひいては個が活かされる豊かな社会の構築に寄与することを目的として、1956年4月に設立された公益財団法人。事業としては、企業経営、労使関係、地域の経済社会システムなどの調査研究・普及および人材育成、経営診断・指導、受託教育など。

［URL］　https://www.kpcnet.or.jp

【執筆者・講演者】

梶浦　昭友（かじうら　あきとも）［監修・序章1節・終章］

関西学院大学名誉教授

（生産性向上事例研究会第5回：コーディネーター）

関西学院大学商学部卒業、1980年3月同大学大学院商学研究科博士課程後期課程単位取得退学、1981年4月同大学商学部専任講師、助教授を経て、1991年4月教授、2021年4月から現職。日本会計研究学会理事・評議員、日本社会関連会計学会顧問理事（前会長）、大阪簿記会計学協会理事長、ビジネス会計検定委員会委員長、関西生産性本部2017訪米生産性向上推進調査団コーディネーター。主な著書に『企業社会分析会計（増補第2版）』（中央経済社）、『生産性向上と雇用問題〜生産性三原則へのアプローチ』（共編著、関西学院大学出版会）、『生産性向上の理論と実践』（編著、中央経済社）。

安田　弘（やすだ　ひろし）［序章2節、3章2節］

公益財団法人関西生産性本部 事業部担当部長 経営コンサルタント

名古屋大学経済学部卒業後、大手生命保険会社を経て、関西生産性本部に入職。経営革新、組織・人事改革コンサルティング、企業内研修講師、全国被害者支援ネットワークマネジメント・アドバイザー、大阪市立大学・関西学院大学非常勤講師（生産性講座）、

神戸大学大学院経営学研究科非常勤講師（経営品質）、大阪経済大学非常勤講師（中小企業経営診断）などに従事。中小企業診断士、経営学修士、国家資格キャリアコンサルタント、日本生産性本部認定経営コンサルタント、中小企業事業再生マネージャー。主な著書に『中堅・中小企業の生産性向上戦略』（共著、清文社）、『生産性向上の理論と実践』（分担執筆、中央経済社）、『中小企業組織革新の進め方』（TAC出版）、『中小企業経営診断の実務』（共著、TAC出版）。

木内　康裕（きうち　やすひろ）［第1章1節］
公益財団法人日本生産性本部　生産性総合研究センター　上席研究員
（生産性向上事例研究会第1回：講演者）
立教大学大学院経済学研究科修了。政府系金融機関勤務を経て日本生産性本部入職。生産性に関する統計作成・経済分析を専門とするほか、アジア・アフリカ諸国の政府機関に対する技術支援などに従事。国際的にみた日本の労働生産性の実態など主要国との比較にも詳しい。主な執筆物に「労働生産性の国際比較」（2003〜2006年、2009年以降各年版、日本生産性本部）、「日本の生産性の動向」（2011〜2020年、日本生産性本部）、「高付加価値経営に向けた今日的な付加価値概念」（分担執筆、生産性労働情報センター）。

水野　一郎（みずの　いちろう）［第1章2節］
関西大学商学部教授
（生産性向上事例研究会第1回：講演者）
関西大学商学部教授。大阪市立大学経済学部卒業。関西大学大学院商学研究科修了。大阪市立大学経営学研究科中退後、鹿児島大学助教授、佐賀大学教授を経て、1998年4月から現職。日本会計研究学会理事・評議員・学会賞審査委員長、日本管理会計学会常務理事（前会長）、国際公会計学会副会長、日本財務管理学会理事、日本社会関連会計学会理事、学校法人浪商学園監事。主な著書・論文に『現代企業の管理会計：付加価値管理会計序説』（白桃書房）、『アカウンティング：現代会計入門（第6版）』（共編著、同文舘）、『中小企業管理会計の理論と実践』（編著、中央経済社）、「渋沢栄一とCSV」（産業経理 Vol.79 No.2）、「SDGsと渋沢栄一」（関西大学商学論集64巻3号）。

加賀　龍太（かが　りょうた）［第2章1節］

合同会社　アルファ代表

（関西経営品質賞審査員）

近畿大学商経学部卒業後、株式会社セブン‐イレブン・ジャパン、国内経営コンサルティング企業を経て現職。公的機関（生産性本部・再生支援協議会）や金融機関等の依頼案件などの経営支援や、経営品質向上プログラムに関するサポートなどに従事。日本経営品質賞審査員・審査リーダー、関西経営品質賞審査員・審査リーダー、その他地方協議会経営品質賞審査員、KQCフォーラムコーディネーター、神戸大学大学院経営学研究科非常勤講師（経営品質マネジメント特殊研究、2019年〜）。経営品質協議会認定セルフアセッサー。

井上　達彦（いのうえ　たつひこ）［第2章2節］

早稲田大学　商学学術院　教授

（生産性向上事例研究会第3回：講演者）

横浜国立大学経営学部卒業後、神戸大学大学院経営学研究科博士課程修了、博士（経営学）取得。広島大学社会人大学院マネジメント専攻助教授などを経て、2008年より現職。経済産業研究所（RIETI）ファカルティフェロー、ペンシルベニア大学ウォートンスクール・シニアフェロー、早稲田大学産学官研究推進センター副センター長・インキュベーション推進室長などを歴任。「起業家養成講座Ⅱ」「ビジネスモデル・デザイン」、文科省起業家育成支援事業EDGE 教育のための実践責任者などを担当。主な著書に『ゼロからつくるビジネスモデル』（東洋経済新報社）、『模倣の経営学』（日経BP社）、『ブラックスワンの経営学』（日経BP社）、『ビジュアルビジネスモデルがわかる』（日本経済新聞社）。

越谷　重友（こしたに　しげとも）［第2章3節］

公益財団法人日本生産性本部　参与　経営コンサルタント

（生産性向上事例研究会第3回：講演者）

早稲田大学法学部卒業後、慶応義塾大学ビジネススクール修了し、キリンビール株式会社流通開発部長、参与審議役を経て現職。日本生産性本部参与経営コンサルタント、関

西生産性本部委嘱コンサルタントとして、企業経営全般の診断・事業再生指導、人材育成、事業承継、経営統合（M&A）になどに従事。日本生産性本部認定経営コンサルタント。著書に『中堅・中小企業の生産性向上戦略』（共著、清文社）、『中小企業経営診断の実務』（監修、TAC出版）、『ケースで学ぶ経営学』（共著、学文社）、『HBA』（共著、生産性出版）。

松山　一紀（まつやま　かずき）［第3章1節］
同志社大学　社会学部産業関係学科　教授
（生産性向上事例研究会第2回：コーディネーター）
京都大学教育学部教育心理学科卒業(臨床心理学専攻)後、松下電器産業株式会社ビデオ関連事業部人事部勤務を経て、2003年京都大学大学院経済学研究科博士後期課程単位取得退学。2004年経済学博士（京都大学）、近畿大学経営学部キャリア・マネジメント学科長（教授）を経て2020年より現職。主な著書に『次世代型組織へのフォロワーシップ論』（ミネルヴァ書房）、『戦略的人的資源管理論』（白桃書房）、『日本人労働者の帰属意識』（ミネルヴァ書房）、『映画に学ぶ経営管理論』（中央経済社）。

中川　博勝（なかがわ　ひろかづ）［第3章3節］
株式会社高木システム　西日本事業所　所長
（生産性向上事例研究会第4回：コーディネーター）
コンピュータ専門学校卒業後、IT業界に36年、プログラマー・システムズエンジニア・ITコンサルタントとして現場第一線で、主に顧客の経営・業務課題の明確化、経営戦略推進のための具体的な解決策の提言、プロジェクト活動支援、業務課題解決を実現するITの導入・活用などIT投資効果を高める支援に従事。事業としては、創業以来、電気・電子部品、電設資材、機械部品の業界に専門特化した基幹システムの構築事業と、中小企業を中心とした会社が成長していくために必要とするITを身の丈に合ったIT投資へ導くITコンサルティング事業を行っている。主な資格に、経営品質協議会認定セルフアセッサー、経済産業省推進ITコーディネーター、米国PMI認定PMP。
［URL］　http://takagisystem.co.jp

【事例発表者】

横井　慎一（よこい　しんいち）［第4章1節］
株式会社横井製作所　代表取締役社長
（生産性向上事例研究会第2回：事例発表者）
［URL］　https://yokoiss.com/

友安　啓則（ともやす　ひろのり）［第4章2節］
株式会社友安製作所　代表取締役社長
（生産性向上事例研究会第2回：事例発表者）
［URL］　https://tomoyasu.co.jp/

久野　慶太（くの　けいた）［第4章3節］
日本ベーリンガーインゲルハイム株式会社　人事本部人事企画部　部長
（生産性向上事例研究会第5回：事例発表者）
［URL］　https://www.boehringer-ingelheim.jp

佐々木　孝之（ささき　たかゆき）［第4章4節］
田辺三菱製薬プロビジョン株式会社
　　ワークイノベーション部デジタル推進グループグループマネジャー
（生産性向上事例研究会第4回：事例発表者）
［URL］　https://www.mt-pharma-pp.co.jp/

【編集協力】

芝原　康之（しばはら　やすゆき）
生産性向上事例研究会：事務局
公益財団法人関西生産性本部　事業部　プログラムディレクター

しん じ だい　こうせいさんせいけいえい
新時代の高生産性経営

2021 年 9 月 30 日　発行

編　者　公益財団法人 関西生産性本部 ©
　　　　こうえきざいだんほうじん　かんさいせいさんせいほん ぶ

発行者　小泉　定裕

発行所　株式会社 清文社　東京都千代田区内神田 1 - 6 - 6　（MIF ビル）
　　　　　　　　　　　　　〒 101-0047　電話 03（6273）7946　FAX 03（3518）0299
　　　　　　　　　　　　　大阪市北区天神橋 2 丁目北 2 - 6　（大和南森町ビル）
　　　　　　　　　　　　　〒 530-0041　電話 06（6135）4050　FAX 06（6135）4059
　　　　　　　　　　　　　URL https://www.skattsei.co.jp/

印刷：亜細亜印刷㈱

ISBN978-4-433-41281-4